KB263773

365일 자녀 축복 안수기도문

이 소중한 책을

특별히 _______________________님께

드립니다.

주님!
주님처럼 우리아이도
지혜와 키가 자라가며
하나님과 사람들에게
더욱 사랑스러워가게 하옵소서

- 누가복음 2장 52절 인용

자녀 축복 안수 기도문

성·경·말·씀·과·함·께

①

정요섭 지음

나침반

자녀의 인생이 복을 누리는 길

자녀를 위한 안수 기도는 부모의 특권입니다.

성경은 부모가 축복하는 기도를 주님께서 응답해주셨음을 보여주고 있습니다.

아브라함의 기도에 이삭이 복을 얻었으며, 이삭의 축복기도대로 야곱이 열국의 아비가 되었습니다. 야곱의 기도에 따라 이스라엘의 12지파가 각기 하나님의 역사하심을 입었습니다.

　성경의 역사 속에서만이 아니라, 우리 믿음의 선배들의 간증 속에서도 부모의 축복기도대로 자녀의 인생이 복을 누렸다는 고백을 우리 주위에서 늘 들을 수 있습니다.

　자녀를 축복하십시오.
　자녀를 위해 매일 안수하며 기도하십시오.
　주님의 응답과 역사하심이 자녀에게 임하실 것입니다.

정요섭 목사

1. 이 책의 특징

- **이 책은 1년 동안 성경을 흐름대로 통독하듯 읽으며 기도할 수 있습니다.**
  기도는 말씀을 바탕으로 할 때, 더 큰 능력이 임하게 됩니다. 기도에 앞서 주의 말씀을 내 아이와 함께 읽고 묵상하는 중에 구약성경을 통독할 수 있습니다.

- **성경 본문에 따른 한 줄 메시지를 통해 하나님의 말씀을 묵상할 수 있습니다.**
  매일 성경 본문에 따른 주제가 한 줄로 축약되어 있습니다. 이 시대를 향한 하나님의 말씀을 듣고, 그에 따른 삶을 살도록 할 수 있습니다.

- **매월 성경의 흐름에 따른 큰 주제를 자녀를 위한 말씀으로 새길 수 있습니다.**
  각 성경 말씀 가운데 자녀와 우리 삶을 위한 핵심 되는 성경 구절을 선별하였습니다.

말씀을 새기는 것은 위기의 상황에서 우리에
게 힘이 됩니다.

● 부모가 자녀를 위해 안수하며 축복하는 기도
를 매일 할 수 있습니다.
1년 365일의 기도문을 실었습니다. 한해의 첫
날부터 시작하지 못했다고 할지라도, 언제든
지 이 책의 첫 기도부터 시작하면 구약의 전체
흐름 속에 역사하시는 하나님의 손길을 체험
할 수 있습니다.

2. 이 책의 사용방법

- **내 아이를 위해 매일 좋은 시간(잠들기 전, 등교하기 전, 저녁 식사 후에 등)을 내어 머리에 손을 얹고 기도하십시오.**
하루를 시작하는 시간이라면 자녀의 하루가 하나님의 지혜와 능력으로 가득할 것이며, 잠들기 전이라면, 밤새 내 아이의 영혼을 감싸 안아 평안을 주어 꿈속에서도 하나님을 떠올리게 할 것입니다.

- **내 아이와 함께 그 날의 말씀을 읽으십시오.** 이 책은 구약성경의 배열에 따라 한 해 동안 구약의 흐름을 이해할 수 있도록 구성되었습니다. 내 아이에게 가장 큰 축복은 하나님의 말씀과 함께 하는 것입니다.

- **성경을 읽은 뒤에 내 아이의 머리에 손을 얹고, 이 책의 기도문을 읽으십시오.** 그리고 나서 부모가 내 아이에게 특별히 하고 싶은 기도를 덧붙여도 됩니다. 이 책은 기도로 이끄는 안내서이지 기도의 정답이 아닙니다. 기도의 정답은 자녀를 향한 부모의 사랑입니다.

3. 이 책의 매월 주제

구약의 특징은, 하나님의 언약과 이를 이루시는 하나님의 역사입니다. 매월 내 아이에게 어떤 언약을 하시고, 행하실지 기대하며 따라가 봅니다.

● 첫 번째 달: 창세기~ 출애굽기
  하나님께서 내 아이를 돌보시겠다고 언약하셨습니다.

● 두 번째 달: 출애굽기~신명기
  하나님께시 내 아이의 바로 앞에서 길을 인도해 주십니다.

● 세 번째 달: 여호수아~사무엘상
  하나님을 의지하면, 하나님께서 내 아이를 위해 일하신다고 언약하셨습니다.

● 네 번째 달: 사무엘상~역대상
  하나님께서 내 아이의 신실함을 기억하시고,

힘겨울 때면 언제나, 일상의 삶에서도 도와주
신다고 언약하셨습니다.

● 다섯 번째 달: 역대상~욥기
하나님을 섬기는 내 아이의 삶에 은혜와 능력
을 덧입혀 주십니다.

● 여섯 번째 달: 시편
하나님 안에 거하면, 애쓰지 않아도 내 아이의
원수(괴롭히는 이들, 악한 환경, 조건)를 친히
갚아주신다고 언약하셨습니다.

● 일곱 번째 달: 시편~전도서
하나님께서 내 아이가 그릇된 길로 갈 때면 언제
나 돌이킬 수 있도록 일깨워주신다고 언약하셨
습니다.

● 여덟 번째 달: 전도서~이사야
하나님께서는 내 아이의 실수 속에서도 돌이
켜 주의 능력을 덧입을 길을 열어주신다고 언

약하셨습니다.

- 아홉 번째 달: 예레미야~예레미야 애가
하나님께서는 회복을 명하시고, 내 아이의 삶
에 충만함을 언약하셨습니다.

- 열 번째 달: 에스겔~다니엘
하나님께서 내 아이에게 말씀을 넣어주시고, 이
땅을 굳게 세우는 지도자로 삼으시겠다고 언약
하셨습니다.

- 열한 번째 달: 호세아~아모스
하나님께서 내 아이의 삶에 위험을 피할 수 있
는 길로 인도하신다고 언약하셨습니다.

- 열두 번째 달: 오바댜~말라기
하나님께서 회복을 명하시고, 내 아이의 삶에
충만함을 언약하셨습니다. ✿

차례

4   서문 / 자녀의 인생이 복을 누리는 길

6   이 책의 특징

8   이 책의 사용방법

9   이 책의 매 월 주제

15   첫 번째 달의 기도

47   두 번째 달의 기도

79   세 번째 달의 기도

111   네 번째 달의 기도

143	다섯 번째의 달의 기도
175	여섯 번째 달의 기도
207	일곱 번째 달의 기도
239	여덟 번째 달의 기도
271	아홉 번째 달의 기도
303	열 번째 달의 기도
335	열한 번째 달의 기도
367	열두 번째 달의 기도

내 아이의
축복받은 삶을 위한
기도가 시작됩니다

첫 번째 달의 기도

하나님께서 내 아이를
돌보시겠다고 언약하셨습니다.

1일

하나님께서 만드셨기에
하나님께서 가장 좋은 길로 이끌어 주십니다.

창1:1 태초에 하나님이 천지를 창조하시니라

우주를 만드신 하나님, ○○(내 자녀의 이름)의 생명도, ○○의 환경도, ○○의 오늘과 미래도 하나님께 달려 있음을 고백합니다.

원컨대 엎어진 손을 통해 하나님의 통치가 ○○의 모든 삶에 함께 하시길 축복하며,

예수 그리스도의 이름으로 기도합니다. 아멘.

2일

우리는 이 땅을 풍성하게 하는 사람들입니다.

창1:28 하나님이 그들에게 복을 주시며 하나님이 그들에게 이르시되 생육하고 번성하여 땅에 충만하라, 땅을 정복하라, 바다의 물고기와 하늘의 새와 땅에 움직이는 모든 생물을 다스리라 하시니라

하나님께서 사람에게 땅을 다스리며, 충만하라고 선포하셨습니다.

00도 이 땅을 하나님의 뜻대로 다스리는 자가 되길 원합니다.

선포하신 말씀마다 00의 삶에 그대로 이루어지길 축복하며, 예수 그리스도의 이름으로 기도합니다. 아멘.

3일
사람은 함께 살아가는
존재로 만들어졌습니다.

창2:18 여호와 하나님이 이르시되 사람이 혼자 사는 것이 좋지 아니하니 내가 그를 위하여 돕는 배필을 지으리라 하시니라

하나님께서 사람을 만드시고 홀로 있게 하지 않으시니 감사드립니다.

○○ 곁에 언제나 ○○를 돕는 좋은 교사, 친구, 선후배를 주셔서 믿음의 길을 걸어가는 동안 외롭지 않게 하시고, 능력을 발휘할 수 있도록 인도하옵소서.

믿음으로 축복하며 예수 그리스도의 이름으로 기도합니다. 아멘.

4일

하나님께서 우리에게
죄를 다스릴 수 있는 능력을 주셨습니다.

창4:7 네가 선을 행하면 어찌 낯을 들지 못하겠느냐 선을 행하지 아니하면 죄가 문에 엎드려 있느니라 죄가 너를 원하나 너는 죄를 다스릴지니라

가인에게 죄를 다스리라고 말씀하신 하나님, 가인은 실패했으나, ○○는 죄를 다스리는 자가 되세 하옵소서.

하나님께서 의의 방패를 허락하시어 모든 유혹에도 담대히 선을 이룰 수 있도록 지켜주옵소서.

주께서 지켜주실 것을 믿고 축복하며, 예수 그리스도의 이름으로 기도합니다. 아멘.

5일
우리는 하나님께서
만드시는 새 땅의 그루터기입니다.

창7:23 지면의 모든 생물을 쓸어버리시니 곧 사람과 가축과 기는 것과 공중의 새까지라 이들은 땅에서 쓸어버림을 당하였으되 오직 노아와 그와 함께 방주에 있던 자들만 남았더라

하나님은 악한 세상을 심판하시지만 노아를 통해 다시 새 삶을 허락하신 것처럼, ○○가 하나님께서 만드시는 새 땅의 그루터기가 되게 하옵소서.

○○를 통해 만민이 새 삶을 누리는 축복을 받게 하옵소서.

○○가 하나님의 큰 사랑 안에 거할 것을 믿고 축복하며, 예수 그리스도의 이름으로 기도합니다. 아멘.

6일

하나님께서 우리에게
복을 주시고, 이름이 높아지기 원하십니다.

창12:2 내가 너로 큰 민족을 이루고 네게 복을 주어 네 이름을 창대하게 하리니 너는 복이 될찌라

사람의 힘으로 이룬 모든 것은 아무것도 아님을 고백합니다.

○○가 무언가를 이루기 위해 노력하기보다 하나님 안에 거하길 애쓰게 하옵소서.

주 안에 거하며, 이름이 창대케 되는, 복의 근원이 되는 은혜를 누리게 하옵소서.

믿음으로 맡기며, 예수 그리스도의 이름으로 기도합니다.

7일

복의 근원이란, 나로 인해 다른
이들이 하나님의 은혜를 누리는 것입니다.

창12:3 너를 축복하는 자에게는 내가 복을 내리고 너를
저주하는 자에게는 내가 저주하리니 땅의 모든 족속이
너로 말미암아 복을 얻을 것이라 하신지라

많은 사람들이 한 해를 시작하며 복을 빌지만,
복은 오로지 하나님으로부터 내려오는 것임을
믿습니다.

○○에게 복 내려주시고, 주위의 모든 사람들이
○○를 통해 하나님의 큰 복을 누리게 하옵소서.

주님을 의지하며 축복하며 예수 그리스도의
이름으로 기도합니다. 아멘.

하나님께서 험한 세상에
우리의 방패가 되어주십니다.

창15:1 이 후에 여호와의 말씀이 환상 중에 아브람에게
임하여 이르시되 아브람아 두려워하지 말라 나는 네
방패요 너의 지극히 큰 상급이니라

주님을 뵙고 싶은 간절한 마음으로 기도드립
니다.
　우리 삶이 방패가 되어 주시는 하나님, ○○에
게 환상으로도, 꿈으로도 찾아오셔서 힘을 얻게
하시고, 주님의 지혜와 비전을 주셔서 소망을
잊지 않게 하옵소서.
　두려워 말라 하셨기에 두려움 없이 믿음으로
축복하며 예수 그리스도의 이름으로 기도합니
다. 아멘.

9일

하나님의 언약은 영원히 지켜집니다.

하나님께서 우리와 약속하시고, 또 그 언약을 반드시 이루어주시니 감사드립니다.

제게 ○○를 주셨을 때, 큰 상급이요 기쁨이 되리라 약속하셨습니다. ○○의 삶을 통해 하나님께서도 기뻐하시고, 우리 또한 감사, 영광 돌릴 수 있도록 인도하옵소서.

축복하며 예수 그리스도의 이름으로 기도합니다. 아멘.

10일

하나님의 공의는 의인과 악인을
나누시고, 그 행실대로 심판하시는 것입니다.

창18:25 주께서 이같이 하사 의인을 악인과 함께 죽이심은 부당하오며 의인과 악인을 같이 하심도 부당하니이다 세상을 심판하시는 이가 정의를 행하실 것이 아니니이까

하나님께서 우리에게 주시는 복이 어찌 우리만의 소유이겠습니까.

하나님, ○○가 자라면서 자신만의 삶을 생각하는 것이 아니라, 주위를 돌보는 마음을 주옵소서. 세상을 사랑하신 하나님의 눈으로 세상을 보게 하시고, 그렇게 이웃을 위하여 기도할 수 있는 ○○가 되게 하옵소서.

믿음의 눈으로 축복하며, 예수 그리스도의 이름으로 기도합니다. 아멘.

11일
때로 하나님께서는
우리의 순종을 시험하기 원하십니다.

창22:12 사자가 이르시되 그 아이에게 네 손을 대지 말라 그에게 아무 일도 하지 말라 네가 네 아들 네 독자까지도 내게 아끼지 아니하였으니 내가 이제야 네가 하나님을 경외하는 줄을 아노라

100세에 낳은 아들을 바친 아브라함의 믿음과 순종이 제게도 있기를 소망합니다.

주님께 OO를 맡겨 드립니다. 이제 하나님의 소유입니다. 그러므로 OO의 모든 걸음마다 인도하실 줄로 믿습니다.

잘못된 길을 걸을 때 질책하시고, 옳은 길만을 걸어갈 수 있도록 이끌어 주옵소서. 응답하시리라 믿고 축복하며 예수 그리스도의 이름으로 기도합니다. 아멘.

하나님께서 인도하시면,
꼭 필요한 것이 채워지고
꼭 있어야할 곳에 이르게 됩니다.

창24:27 가로되 나의 주인 아브라함의 하나님 여호와를 찬송하나이다. 나의 주인에게 주의 인자와 성실을 끊이지 아니하셨사오며 여호와께서 길에서 나를 인도하사 내 주인의 동생 집에 이르게 하셨나이다 하니라.

종을 보내고, 하나님의 인도하심을 기도했던 아브라함의 기도에 응답하신 하나님!

○○의 앞길을 인도해주시길 기도합니다.

또한 ○○가 하나님의 인도하심을 기도하길 원합니다. 주님께서 인도하시면 한 치의 어긋남 없이 꼭 필요한 것이 채워지고, 꼭 이르러야할 곳에 이르게 될 줄로 믿습니다.

축복하며 예수 그리스도의 이름으로 기도합니다. 아멘.

13일

다툴 필요 없습니다. 우리에게는 하나님께서
주시는 또 다른 풍요의 우물이 있습니다.

창26:22 이삭이 거기서 옮겨 다른 우물을 팠더니 그들
이 다투지 아니하였으므로 그 이름을 르호봇이라 하여
이르되 이제는 여호와께서 우리를 위하여 넓게 하셨으
니 이 땅에서 우리가 번성하리로다 하였더라

갈등이 있을 때, 싸워 이기기보다 온유와 화평
의 삶을 살았던 이삭에게 복을 내려주신 하나
님, ○○가 갈등 상황에서 지혜롭게 대처하게 하
옵소서.
　걸음을 뗄 때마다, 지경을 넓혀주시고, 번성
케 하시는 은혜를 주옵소서.
　축복하며 예수 그리스도의 이름으로 기도합
니다. 아멘.

14일

부모의 자녀를 향한
축복은 그대로 이루어집니다.

창27:29 만민이 너를 섬기고 열국이 네게 굴복하리니 네가 형제들의 주가 되고 네 어머니의 아들들이 네게 굴복하며 너를 저주하는 자는 저주를 받고 너를 축복하는 자는 복을 받기를 원하노라

이삭이 아들 야곱에게 축복한 모든 기도에 응답하신 하나님, ○○를 위해 축복하며 기도하오니, 하나님께 순종하게 하시고, 지혜롭게 하시고, 어디를 가든지 선한 영향을 끼치는 빛과 소금 같은 ○○가 되게 하옵소서.

○○의 모든 삶을 주께서 친히 이끌어 주실 것을 믿고, 축복하며 예수 그리스도의 이름으로 기도합니다. 아멘.

15일

언약을 완성하시기까지 하나님께서는
우리 곁을 떠나지 않으시고, 지켜주십니다.

창28:15 내가 너와 함께 있어 네가 어디로 가든지 너를 지키며 너를 이끌어 이 땅으로 돌아오게 할지라 내가 네게 허락한 것을 다 이루기까지 너를 떠나지 아니하리라 하신지라

야곱이 어디를 가든지 함께 하시며, 모든 고난 가운데에서도 인도하신 하나님.

○○가 어디를 가든지 함께 하옵소서. 공부할 때나, 친구들을 만날 때나, ○○를 이끌어 주시고, 하나님께서 허락하신 것을 다 이루실 때까지 떠나가지 마옵소서.

믿음으로 축복하며 예수 그리스도의 이름으로 기도합니다. 아멘.

16일

우리의 간절함은 하나님에
대한 신뢰의 증거가 됩니다.

창32:26 그가 이르되 날이 새려하니 나로 가게 하라 야
곱이 이르되 당신이 내게 축복하지 아니하면 가게 하
지 아니하겠나이다

하나님의 복을 간절히 소망했던 야곱, 그의 삶
을 속이는 자 야곱에서 열국의 아비 이스라엘이
되게 하심을 보여주시니 감사드립니다.
　○○가 하나님의 손길을 간절히 찾게 하시고,
온전히 주님만을 바라보며 살게 하옵소서.
　○○의 삶이 하나님께서 주시는 가장 복된 삶
이 되게 하실 줄 믿고 축복하며 예수 그리스도
의 이름으로 기도합니다. 아멘.

17일

믿음의 자리를 기억하십시오.
그 자리에서 하나님의 복이 임하십니다.

창35:1 하나님이 야곱에게 이르시되 일어나 벧엘로 올라가서 거기 거주하며 네가 네 형 에서의 낯을 피하여 도망하던 때에 네게 나타났던 하나님께 거기서 제단을 쌓으라 하신지라

우리의 도움이 되시는 하나님, ○○가 늘 바른 길을 가기 원하지만, 때로 그릇된 길을 가거나, 삶에 곤경이 찾아올 때면, 처음 하나님과 만났던 벧엘을 기억하게 하옵소서.

그곳에서 하나님께서 주시는 은혜를 회복하는 ○○가 되게 하옵소서.

도망하던 삶에서 승리하는 삶으로 변화시켜 주실줄 믿고 축복하며 예수님의 이름으로 기도합니다. 아멘.

18일

하나님께서 함께 하시는 것, 그것이
가장 큰 복이며, 형통케 되는 근원이 됩니다.

창39:2 여호와께서 요셉과 함께 하시므로 그가 형통한
자가 되어 그의 주인 애굽 사람의 집에 있으니

하나님께서 함께하시면, 신분이 어떠하든, 처
한 환경이 어떠하든 형통한 자가 될 줄로 믿습
니다.

간절히 기도하오니, ○○가 늘 하나님과 함께
하는 삶을 살게 하옵소서.

형통한 자가 되게 하시고, 하는 일마다 주의
역사 이루게 하옵소서.

어디서든 지켜주실 줄 믿고, 축복하며 예수님
의 이름으로 기도합니다. 아멘.

19일

하나님께서 우리 삶의 모든 것을 보시고,
알고 계십니다. 이 고백이 죄로부터
우리를 지켜낼 것입니다.

창39:9 이 집에는 나보다 큰 이가 없으며 주인이 아무
것도 내게 금하지 아니하였어도 금한 것은 당신뿐이니
당신은 그의 아내임이라 그런즉 내가 어찌 이 큰 악을
행하여 하나님께 죄를 지으리이까

유혹을 이겨낸 요셉의 신실함에 은혜를 베푸신
하나님, ○○가 자라면서 약물, 도박, 게임, 음란
의 유혹에 넘어가지 않고 거룩함을 지키게 하옵
소서.
  늘 하나님과 동행하며 유혹을 이겨내는 순수
한 삶을 살게 하실 줄 믿고, 축복하며 예수님의
이름으로 기도합니다. 아멘.

20일

하나님께서 보여주시면,
세상을 보는 지혜가 열립니다.

창41:39 요셉에게 이르되 하나님이 이 모든 것을 네게
보이셨으니 너와 같이 명철하고 지혜 있는 자가 없도다

세상을 살아가는 데 필요한 것은 재물이 아니라
지혜입니다.

요셉에게 지혜를 주셔서 이집트를 다스리게
하신 것처럼, ∞에게 하나님의 지혜를 부어주
셔서 이 땅을 아름답게 경영하도록 이끌어 주옵
소서.

축복하며 예수님의 이름으로 기도합니다.
아멘.

21일

믿음의 전수는
그 어떤 유산보다 가치가 있습니다.

창49:25 네 아버지의 하나님께로 말미암나니 그가 너를 도우실 것이요 전능자로 말미암나니 그가 네게 복을 주실 것이라 위로 하늘의 복과 아래로 깊은 샘의 복과 젖먹이는 복과 태의 복이리로다

하나님의 은혜와 복락이 하늘로부터, 그리고 샘이 솟는 주의 역사하심이 부모의 손을 통해 ○○의 머리로부터 발끝까지 임하게 하시고, 그의 일생 가운데 함께 하옵소서.

이 땅을 풍요롭게 하는 주의 은혜가 늘 함께 하실 줄 믿고, 축복하며 예수님의 이름으로 기도합니다. 아멘.

22일

하나님을 최우선 순위에
두는 것이 하늘의 복을 누리는 열쇠입니다.

출1:21 그 산파들은 하나님을 경외하였으므로 하나님이 그들의 집안을 흥왕하게 하신지라

대 제국 이집트의 바로왕의 명령도 하나님의 말씀에 앞설 수 없습니다.

　○○가 하나님의 말씀을 최우선 순위에 놓고 살게 하시고, 주님을 경외하는 이에게 복 내려 주신 것처럼, ○○의 삶에 복에 복을 허락하여 주옵소서.

　믿음으로 축복하며 예수 그리스도의 이름으로 기도합니다. 아멘.

23일

하나님께서는 우리의 낮은
신음조차도 외면하지 않으십니다.

출2:24 하나님이 그들의 고통 소리를 들으시고 하나님이 아브라함과 이삭과 야곱에게 세운 그의 언약을 기억하사

우리의 부르짖음을 외면하지 않으시는 하나님, 우리가 고난당할 때마다 부르짖는 우리 기도에 응답하시는 하나님, 감사합니다.

하나님께서 ○○의 생명을 두고 언약하신 그 모든 것을 기억해주시고, ○○의 오늘의 삶에 주의 은혜만 가득하게 하옵소서.

믿음으로 축복하며 예수 그리스도의 이름으로 기도합니다. 아멘.

24일

하나님께서는 강하신 팔의 능력을
감추지 않으시고 우리에게 보여주십니다.

출6:1 여호와께서 모세에게 이르시되 이제 내가 바로에게 하는 일을 네가 보리라 강한 손으로 말미암아 바로가 그들을 보내리라 강한 손으로 말미암아 바로가 그들을 그의 땅에서 쫓아내리라

하나님의 능력을 우리에게 보여주시는 하나님, ○○의 삶 속에 크신 하나님의 손길을 날마다 보며 감사하는 삶이 되게 하옵소서.

　○○의 삶을 가로막는 모든 것들을 물리치시는 주의 능력이 임하실 것을 믿고 축복하며 예수 그리스도의 이름으로 기도합니다. 아멘.

25일
하나님께서는 우리에게
기업을 주십니다.

출6:8 내가 아브라함과 이삭과 야곱에게 주기로 맹세한 땅으로 너희를 인도하고 그 땅을 너희에게 주어 기업을 삼게 하리라 나는 여호와라 하셨다 하라

○○의 삶에 빈손이 되지 않게 하시고, 하나님께서 약속하신 기업을 주시는 하나님,

○○가 자라는 가운데 주님이 주시는 재능으로 사업, 문화예술, 과학, 교육, 의료 등 무엇을 하든, 기업으로 허락해 주실 줄 믿습니다.

주님의 약속대로 큰 기업을 이루게 하실줄 믿고 축복하며 예수 그리스도의 이름으로 기도합니다. 아멘.

26일

하나님께서는 늘 우리 앞에서
가시며 우리를 지켜주십니다.

출13:21 여호와께서 그들 앞에서 가시며 낮에는 구름 기둥으로 그들의 길을 인도하시고 밤에는 불 기둥을 그들에게 비추사 낮이나 밤이나 진행하게 하시니

○○의 등 뒤에서 밀어주시기보다 앞서 행하시며 끌어주시기 원하시는 하나님, ○○가 주님이 인도하시는 대로 따라 살게 하옵소서.

주께서 멈추시면 멈추기 원하며, 가라 하시면 행하길 원합니다.

주의 발자취만을 따르는 ○○가 되게 하실줄 믿고 축복하며 예수 그리스도의 이름으로 기도합니다. 아멘.

27일

우리 힘으로 안 되는 부분은
하나님께서 직접 처리해주십니다.

출14:14 여호와께서 너희를 위하여 싸우시리니 너희는
가만히 있을지니라

○○가 감당할 수 없는 삶의 어려움은 하나님께서 직접 처리해 주실줄 믿습니다. 가만히 하나님의 역사하심을 기다리며, 인내하며, 감사하는 ○○가 되게 하옵소서.

주님을 의지한다는 것이 어떤 삶인지 늘 깨닫고 살아가는 ○○가 되게 하옵소서.

예수 그리스도의 이름으로 축복하며 기도합니다. 아멘.

28일

주님의 오른 손은 권능을 나타냅니다.
그 오른 팔로 우리를 지켜주십니다.

출15:6 여호와여 주의 오른손이 권능으로 영광을 나타내시니이다 여호와여 주의 오른손이 원수를 부수시니이다

예부터 오른 팔이 권능의 상징이었듯, 하나님께서 권능의 오른 팔로 우리를 지켜주시니 감사드립니다.

좌우에서 ○○를 위협하며 해하려 하는 모든 악한 세력을 주님께서 막아주시고, 지켜주옵소서.

○○의 눈에 원통함의 눈물이 흐르지 않도록 주님께서 지켜주실 줄로 믿고, 축복하며 예수 그리스도의 이름으로 기도합니다. 아멘.

주님의 거룩한 처소에 들어가는 것,
그 어떤 것보다 안전한 삶입니다.

출15:13 주의 인자하심으로 주께서 구속하신 백성을 인도하시되 주의 힘으로 그들을 주의 거룩한 처소에 들어가게 하시나이다

주의 인도하심을 믿습니다. 인자하신 하나님께서 OO를 구속하시고, 이 땅에서 가장 안전한 곳, 주님의 처소, 주님의 품에 안아 주옵소서.

  OO가 때로 실망하고, 낙심할 때면 주님의 품에 안겨 울기도 하고, 위로도 받게 하옵소서. 그렇게 늘 OO와 가까이 하여주시고, OO가 주님의 품을 사모하게 하옵소서.

  믿음으로 축복하며 예수 그리스도의 이름으로 기도합니다. 아멘.

30일

주님의 말씀에 순종한다면,
재앙은 어떤 것도 우리에게 임하지 않습니다.

출15:26 이르시되 너희가 너희 하나님 나 여호와의 말을 들어 순종하고 내가 보기에 의를 행하며 내 계명에 귀를 기울이며 내 모든 규례를 지키면 내가 애굽 사람에게 내린 모든 질병 중 하나도 너희에게 내리지 아니하리니 나는 너희를 치료하는 여호와임이라

시대가 악하고, 어디에서 어떻게 재앙이 내릴지 모르는 상황입니다. 그렇기에 하나님께서 말씀하신 것처럼, ○○가 오직 주의 말씀에 순종하게 하옵소서.

○○가 주의 말씀에 순종하게 하시고 약속하신 것처럼, ○○의 머리털에서부터 발끝까지 어떤 재앙도 임하지 않게 지켜주옵소서.

믿음으로 축복하며 예수 그리스도의 이름으로 기도합니다. 아멘.

31일

우리는 하나님의 소유요,
하나님의 작품입니다.

세상의 주인이신 하나님, ○○가 하나님의 작품이 되게 하옵소서.

하나님께서 ○○의 삶에 불필요한 부분은 깎고, 다듬어 주셔서 말 그대로 걸작이 되게 하옵소서. 오늘도 하나님의 매만지시는 손길을 기대합니다. 내일은 더욱 멋진 모습으로 자라날 것을 믿음으로 축복하며 예수 그리스도의 이름으로 기도합니다. 아멘.

두 번째 달의 기도

하나님께서 내 아이의 바로 앞에서
길을 인도해주십니다.

1일

하나님의 언약은 절대
변하지 않으십니다.

출20:6 나를 사랑하고 내 계명을 지키는 자에게는 천 대까지 은혜를 베푸느니라

하나님의 언약은 사람의 생각으로 가늠하기도 어렵습니다. 단지 말씀에 순종하는 것만으로도 천 대, 약 3만 년에 이르기까지 은혜를 베푸시겠다고 언약하신 하나님이십니다.

○○(내 자녀의 이름)의 부모로서 주의 말씀에 순종합니다. ○○도 주의 말씀에 순종하게 하시고, 무한한 은혜를 누리게 하옵소서.

믿음으로 축복하며 예수 그리스도의 이름으로 기도합니다. 아멘.

2일

하나님께서는 우리를
부모를 통해 이 땅에 보내셨습니다.

출20:12 네 부모를 공경하라 그리하면 네 하나님 여호와가 네게 준 땅에서 네 생명이 길리라

특별히 〇〇는 부모의 기도를 받을 수 있도록 복 내려주시니 감사드립니다.

〇〇가 주님 말씀처럼 부모를 공경하게 하시고, 모든 어른을 부모님 내하듯 하게 하옵소서. 이로써 또래 친구들에게 건강한 효의 문화를 확장하게 하옵소서. 이 때문에 하나님께서 주신 땅에서 평안히 장수를 누리게 하옵소서.

축복하며 예수 그리스도의 이름으로 기도합니다. 아멘.

3일

우리 음식에도 하나님의
은혜와 복이 필요합니다.

창조 때부터 사람들에게 먹거리를 내주신 하나님, 감사드립니다.

먹는 것을 탐하는 ○○가 되지 않게 하시고, 먹는 음식들마다 하나님의 보호하심으로 몸에 도움이 되는 음식들이 되게 하옵소서. 먹는 모든 음식들마다 병이 아니라 약이 되는 음식이 되게 하옵소서.

축복하며 예수 그리스도의 이름으로 기도합니다. 아멘.

4일

하나님께서는 우리를 바른 길로
이끌기 위해 친히 율법을 주셨습니다.

출24:12 여호와께서 모세에게 이르시되 너는 산에 올라 내게로 와서 거기 있으라 너로 그들을 가르치려고 내가 율법과 계명을 친히 기록한 돌판을 네게 주리라

어떻게 살아가야 바른 길로 가는 것인지 헤매는 우리에게 친히 율법을 주신 하나님!

그것만으로도 충분히 감사한데, 친히 독생자 예수 그리스도를 보내주신 하나님, 감사드립니다.

○○를 주의 말씀으로 양육하게 하시고, ○○는 오직 바른 길로만 걸어가는 주의 백성이 되게 하옵소서.

축복하며 예수 그리스도의 이름으로 기도합니다.

5일

하나님께서 임하시는 곳은
어디라도 거룩한 곳이 됩니다.

출29:43 내가 거기서 이스라엘 자손을 만나리니 내 영광을 인하여 회막이 거룩하게 될지라

하나님께서 임하시는 곳, 그곳에서 우리는 하나님을 만나게 됩니다. 하나님께서 계시는 곳, 하나님을 만나는 곳이 거룩한 곳이 됩니다.

주님, ○○가 하나님을 모신 성전이 되게 하시고, 주의 은혜로 ○○를 거룩하게 하옵소서. ○○가 발로 딛는 모든 곳곳마다 하나님의 영광이 깃들게 하옵소서.

축복하며 예수 그리스도의 이름으로 기도합니다. 아멘.

6일

우리의 안식은 쉼뿐 아니라,
하나님을 알게 되는 거룩한 의식입니다.

출31:13 너는 이스라엘 자손에게 말하여 이르기를 너희는 나의 안식일을 지키라 이는 나와 너희 사이에 너희 대대의 표징이니 나는 너희를 거룩하게 하는 여호와인 줄 너희가 알게 함이라

하나님, ○○가 안식에 대해 가벼이 여기지 않게 하옵소서.

안식을 통해 우리를 거룩하게 하시고, 새롭게 하시는 하나님을 알아가는 중요한 의식임을 기억하게 하옵소서. 주일이면 언제나 하나님을 만나는 자리에 서게 하시고, 그곳에서 주의 능력을 덧입게 하옵소서.

믿음으로 축복하며 예수 그리스도의 이름으로 기도합니다. 아멘.

7일

우리는 하나님의 책에
이름이 기록되어 있습니다.

출32:33 여호와께서 모세에게 이르시되 누구든지 내게 범죄하면 내가 내 책에서 그를 지워 버리리라

○○의 이름을 하나님의 책에 기록하신 주님, ○○가 영원히 지워지지 않는 이름이라 여기며 교만하지 않게 하시고, 언제나 겸손히 주의 말씀을 청종하는 자녀가 되게 하옵소서.

날마다 주님의 책에 새롭게 이름이 적히는 은혜를 누리게 하실 줄 믿음으로 축복하며, 예수 그리스도의 이름으로 기도합니다. 아멘.

8일

하나님께서는 우리에게
꼭 필요한 것을 언제나 채워주십니다.

출33:19 여호와께서 이르시되 내가 내 모든 선한 것을 네 앞으로 지나가게 하고 여호와의 이름을 네 앞에 선포하리라 나는 은혜 베풀 자에게 은혜를 베풀고 긍휼히 여길 자에게 긍휼을 베푸느니라

하나님의 이름을 알게 하시니 감사드립니다. ○○가 꼭 필요한 것만 구하는 자녀가 되게 하옵소서.

　○○는 하나님의 은혜와 긍휼이, 자비가 필요합니다. 하나님께서 언제나 ○○ 앞에 모든 선한 것을 베풀어주시고, 기도에 응답하옵소서.

　은혜와 긍휼을 베풀어 주실 줄 믿음으로 축복하며 예수 그리스도의 이름으로 기도합니다. 아멘.

9일
내 아이의 복과 화는
부모의 신실함에 달려 있습니다.

출34:7 인자를 천대까지 베풀며 악과 과실과 죄를 용서하나 형벌 받을 자는 결단코 면죄하지 않고 아비의 악을 자녀손 삼사대까지 보응하리라

인자를 천대까지 베풀어 주시는 하나님, 주의 말씀을 들으면 부모된 자로서 잘 살아야겠다고 결심하게 됩니다.

부모의 잘못 때문에 ○○가 벌을 받지 않도록 지켜주시고, 신실한 믿음이 대대로 전수되게 하옵소서. 주님께 신실하면 반드시 그에 따라 응답해주시는 하나님, ○○가 주님께 신실하게 하옵소서.

축복하며 예수 그리스도의 이름으로 기도합니다. 아멘.

10일

하나님께서 지혜를 주시면,
보지 못한 것까지도 이루어낼 수 있습니다.

출36:1 브살렐과 오홀리압과 및 마음이 지혜로운 사람 곧 여호와께서 지혜와 총명을 부으사 성소에 쓸 모든 일을 할 줄 알게 하심을 입은 자들은 여호와의 무릇 명하신 대로 할 것이니라

지혜의 근원이신 하나님, ○○에게 지혜와 능력을 부어주옵소서. ○○가 지금까지 인류역사 속에서 이루어내지 못한 새로운 것을 이루어내게 하옵소서. 하나님께서 능력 주시면, ○○가 할 수 있음을 믿습니다.

○○가 난관에 부딪힐 때마다 하나님께 지혜를 간구함으로 능력을 덧입게 하옵소서. 축복하며 예수 그리스도의 이름으로 기도합니다. 아멘.

11일

하나님께서 거룩하신 것처럼,
우리의 거룩함은 너무도 당연한 것입니다.

레11:45 나는 너희의 하나님이 되려고 너희를 애굽 땅에서 인도하여 낸 여호와라 내가 거룩하니 너희도 거룩할지어다.

○○의 영혼을 구원해 주시고, ○○의 하나님이 되어주신 주님.

하나님께서 원하시는 것처럼, ○○가 거룩한 사람이 되게 지켜 주옵소서.

○○를 만드신 그 목적 그대로, '나무' 가 너무도 당연하게 '나무' 인것처럼, ○○는 너무도 당연하게 하나님의 사람이 되게 하실 줄 믿음으로 축복하며 예수 그리스도의 이름으로 기도합니다. 아멘.

12일

오늘의 나는 누군가의 손길이 닿은
결과이기에, 이웃 모두를 내 몸처럼
사랑할 수 있습니다.

레19:18 원수를 갚지 말며 동포를 원망하지 말며 이웃 사랑하기를 네 몸과 같이 하라 나는 여호와니라

하나님, ㅇㅇ가 자라기까지 많은 이들의 손길을 닿게 하시니 감사합니다. ㅇㅇ가 자라면서 독불장군이 되지 않게 하시고, 억울한 일을 당하는 일이 없게 지켜주옵소서.

무엇보다 하나님께서 말씀하신 것처럼, 이웃 사랑하기를 자기 몸과 같이 하게 하옵소서.

사랑의 전도자가 되게 하실 줄 믿음으로 축복하며 예수 그리스도의 이름으로 기도합니다. 아멘.

13일

서로를 속이는 것은
하나님을 멸시하는 것입니다.

레25:17 너희는 서로 속이지 말고 너희의 하나님을 경외하라 나는 너희 하나님 여호와니라

하나님, ○○가 누구에게든 성실히, 정직하게 행하게 하셔서 하나님께서 지으신 사람들, 하나님의 사랑을 입은 사람들에게 악을 행하지 않게 하옵소서.

이와 같이 ○○가 만나는 사람마다 ○○에게 정직하게 행하게 하시고, 선을 행하도록 이끌어 주옵소서.

믿음으로 축복하며 예수 그리스도의 이름으로 기도합니다. 아멘.

14일

하나님이 아닌 어떤 것도
나를 위한 것을 만들면 우상이 됩니다.

레26:1 너희는 자기를 위하여 우상을 만들지 말지니 목상이나 주상을 세우지 말며 너희 땅에 조각한 석상을 세우고 그에게 경배하지 말라 나는 너희 하나님 여호와임이니라

오직 영광을 받으시기에 합당하신 하나님,
　○○가 자기 스스로를 위해서 어떤 것도 하나님을 대신하여 섬기지 않도록 이끌어 주옵소서.
　하나님의 하나님 되심을 ○○의 삶에 언제나 나타내 주셔서 믿음 가운데 흐트러짐이 없도록 이끌어 주옵소서.
　축복하며 예수 그리스도의 이름으로 기도합니다. 아멘.

15일

하나님께서 우리 앞서 우리 길을 인도하시니,
우리는 그저 따르기만 하면 됩니다.

민2:34 이스라엘 자손이 여호와께서 모세에게 명하신 대로 다 준행하여 각기 가족과 종족을 따르며 그 기를 따라 진치기도 하며 진행하기도 하였다.

하나님께서 인도하시면, ○○의 삶은 평탄할줄로 믿습니다.

원컨대 ○○가 하나님의 말씀을 의지하게 하시고, 말씀에 어긋나는 삶을 살지 않도록 이끌어 주옵소서. 혹 좌로나 우로나 치우치는 삶을 살게 된다면, 하나님께서 의의 지팡이로 친히 이끌어 주옵소서.

믿음으로 축복하며 예수 그리스도의 이름으로 기도합니다. 아멘.

16일

우리의 가장 큰 복은
하나님께서 우리를 향하시는 것입니다.

민6:26~27 여호와는 그 얼굴을 네게로 향하여 드사 평강 주시기를 원하노라 할지니라 하라 그들은 이같이 내 이름으로 이스라엘 자손에게 축복할지니 내가 그들에게 복을 주리라

우리 삶에 평강을 주시는 하나님, ○○를 위하여 축복하오니, 하나님께서 얼굴을 ○○를 향해 언제나 들어주시고, 평강에 평강을 더하여 주옵소서.
　주의 이름으로 복을 빌 때, 하나님께서 복을 주시겠다 약속하셨사오니, 믿음으로 축복하며 예수 그리스도의 이름으로 기도합니다. 아멘.

17일

하나님께서 우리에게 맡기신 일을
감당하는 것이 우리에게 큰 복이 됩니다.

민9:23 곧 그들이 여호와의 명을 좇아 진을 치며 여호와의 명을 좇아 진행하고 또 모세로 전하신 여호와의 명을 따라 여호와의 직임을 지켰더라

우리 삶을 인도하시는 하나님, 삶의 선택의 순간에서 누군가 가야할 길을 알려준다면 이보다 더 고마운 일은 없습니다.

○○가 생의 중요한 결정을 하는 때마다 하나님께서 친히 가야할 길을 알려주시고, 바른 길로 인도하여주옵소서.

믿음으로 축복하며 예수 그리스도의 이름으로 기도합니다. 아멘.

18일

하나님께서는 삶의 짐을
홀로 지게 내버려두지 않으십니다.

민11:17 내가 강림하여 거기서 너와 말하고 네게 임한 신을 그들에게도 임하게 하리니 그들이 너와 함께 백성의 짐을 담당하고 너 혼자 지지 아니하리라

홀로 두지 않으시는 하나님, ○○가 자신이 짊어진 짐이 버겁다 여길 때면, 언제든 그와 함께 나누이 질 수 있는 돕는 이를 허락해주옵소서.

인생의 짐에 짓눌려 사는 삶이 아니라, 셰르파의 도움을 받아 산 정상에 오르는 산악인처럼, 그렇게 인생의 정상에 오르게 하옵소서.

믿음으로 축복하며 예수 그리스도의 이름으로 기도합니다. 아멘.

19일

하나님을 떠난 존재는
그 어떤 것도 우리에게 위협이 되지 않습니다.

민14:9 다만 여호와를 거역하지는 말라 또 그 땅 백성을 두려워하지 말라 그들은 우리의 먹이라 그들의 보호자는 그들에게서 떠났고 여호와는 우리와 함께 하시느니라 그들을 두려워하지 말라

생명의 주관자이시며, ○○를 보호하시는 하나님. ○○가 하나님을 떠난 그 어떤 것도 두려워하지 않게 하옵소서.

모든 힘은 오직 하나님께로부터 나오는 것임을 확신하게 하옵소서.

하나님께서 함께 하시는 것이 힘이요, 능력임을 날마다 체험하게 하실 줄 믿음으로 축복하며 예수 그리스도의 이름으로 기도합니다. 아멘.

20일

하나님께서 선택하시면,
대적하는 모든 원망의 소리도 잠잠해집니다.

민17:5 내가 택한 자의 지팡이에는 싹이 나리니 이것으로 이스라엘 자손이 너희를 대하여 원망하는 말을 내 앞에서 그치게 하리라

모든 입을 잠잠케 하시는 하나님, 우리는 누군가의 시기와 질투로 가야할 걸음조차 내딛지 못하도록 할 때가 있습니다.

그러나 하나님께서 ○○를 택하시고, 주의 능력을 보여주서서 ○○의 대적자들의 입을 막아주시고, 시기와 질투를 넘어 화해와 협력의 관계가 되게 하옵소서.

축복하며 예수 그리스도의 이름으로 기도합니다. 아멘.

21일

우리는 땅에 발을 딛고 살지만,
하늘을 보며 살아가는 사람들입니다.

민21:8 여호와께서 모세에게 이르시되 불뱀을 만들어 장대 위에 달라 물린 자마다 그것을 보면 살리라

땅을 보는 사람들에게 불뱀을 보내시고, 하늘을 우러러 보게 하신 하나님, ○○가 이 땅에서 발을 딛고 살지만, 언제나 눈은 하늘을 향하게 하옵소서.

도움도 하나님으로부터, 지혜도 하나님으로부터, 능력도 하나님으로부터 덧입게 하옵소서.

믿음으로 축복하며 예수 그리스도의 이름으로 기도합니다. 아멘.

22일

하나님께서는 당신의 사람들이
잘못된 길을 선택하지 않도록
이런 저런 모양으로 막아주십니다.

민22:34 발람이 여호와의 사자에게 말씀하되 내가 범죄하였나이다 당신이 나를 막으려고 길에 서신 줄을 내가 알지 못하였나이다 당신이 이를 기뻐하지 아니하시면 나는 돌아가겠나이다

잘못된 발걸음을 막아주신 하나님, ○○가 돈의 유혹, 명예의 유혹에 빠져 죄의 길에 들어선다면, 나귀를 통해 발람을 막아주셨던 것처럼 발걸음을 막아주옵소서.

무언가 하나님의 사인이 있을 때면, ○○가 이를 즉시 깨닫고 하나님께서 기뻐하지 않으시면, 발걸음을 돌이키는 지혜와 용기를 주옵소서.

믿음으로 축복하며 예수 그리스도의 이름으로 기도합니다. 아멘.

23일
하나님의 은혜는
언제나 공평하십니다.

민33:54 너희의 가족을 따라서 그 땅을 제비 뽑아 나눌 것이니 수가 많으면 많은 기업을 주고 적으면 적은 기업을 주되 각기 제비 뽑힌 대로 그 소유가 될 것인즉 너희 열조의 지파를 따라 기업을 것을 것이니라

가족의 수효대로 땅을 기업으로 나누어주신 하나님, ○○가 이 땅에 하나님의 공의를 실현하는 자가 되게 하옵소서.

혹 남보다 적게 가진 것 때문에 원망과 낙담을 하지 않게 하지 않게 하시고, 남보다 많이 가진 것 때문에 교만하거나 자만하지 않게 하옵소서. 모든 것의 주인이 하나님이심을 고백하며 살게 하옵소서.

믿음으로 축복하며 예수 그리스도의 이름으로 기도합니다. 아멘.

24일

순종하면, 다다르기 전에
눈으로 먼저 본 것을 이루게 됩니다.

신1:36 오직 여분네의 아들 갈렙은 온전히 여호와께 순종하였은즉 그는 그것을 볼 것이요 그가 밟은 땅을 내가 그와 그의 자손에게 주리라 하시고

오직 하나님께 순종한 자들에게만 정탐하였던 가나안을 허락하셨던 주님.

○○가 모든 일에 하나님께 순종하게 하옵소서. 하나님께서 주시겠다고 한 것들, 눈으로 먼저 보게 하시고, 참된 순종을 통해 직접 이루게 되는 ○○가 되게 하실 줄 믿습니다.

축복하며 예수 그리스도의 이름으로 기도합니다. 아멘.

25일

두려움은 하나님의 능력에 대한
의심의 또 다른 얼굴입니다.

신 3:22 너희는 그들을 두려워하지 말라 너희의 하나님 여호와께서 친히 너희를 위하여 싸우시리라 하였노라

우리의 힘이 되시는 하나님, ○○가 모든 문제 앞에서 담대하게 하옵소서.

겸손히 주님을 의지함으로, 교만하거나 만용을 부리지 않게 하시고, 하나님의 능력을 의심하여 두려움에 빠지지 않도록 지켜주옵소서.

○○를 위하여 주께서 직접 손 써주실 줄 믿고, 축복하며 예수 그리스도의 이름으로 기도합니다. 아멘.

하나님께서는 우리를 버리지도,
쓸모없다 여기지도 않으십니다.

신 4:31 네 하나님 여호와는 자비하신 하나님이심이라
그가 너를 버리지 아니하시며 너를 멸하지 아니하시며
네 조상들에게 맹세하신 언약을 잊지 아니하시리라

우리를 버리지도, 멸하지도 않으시는 하나님.
○○가 어디에서건 쓸모없는 사람이 되지 않게 하
시고, 언제든 꼭 필요한 사람이 되게 하옵소서.
　○○가 발을 딛는 곳마다 그 땅이 거룩한 땅이
되도록, 의의 두루마기를 입혀 주옵소서. ○○를
통해 이루실 것을 약속으로 믿으며, 축복하며,
예수 그리스도의 이름으로 기도합니다. 아멘.

27일

참된 가르침에 대한
깨우침을 넘어, 행하는 삶이 복된 삶입니다.

신5:33 너희 하나님 여호와께서 너희에게 명령하신 모든 도를 행하라 그리하면 너희가 살 것이요 복이 너희에게 있을 것이며 너희가 차지한 땅에서 너희의 날이 길리라

이 세상 많은 사람들이 보고, 듣고, 아는 것으로 만족하며 살지만, ○○는 이 모든 깨달음을 넘어 삶으로 실천하는 사람이 되게 하옵소서.

말씀을 듣는 것에 그치지 않고, 행하는 사람이 되게 하시고, 하나님의 복을 누리며, 땅에서 건강하게 장수하는 은혜를 누리게 하옵소서.

축복하며 예수 그리스도의 이름으로 기도합니다. 아멘.

28일
주님의 계명을 지키는 것이
주님을 사랑하는 증거가 됩니다.

신7:9 그런즉 너는 알라 오직 네 하나님 여호와는 하나님이시요 신실하신 하나님이시라 그를 사랑하고 그의 계명을 지키는 자에게는 천 대까지 그의 언약을 이행하시며 인애를 베푸시되

하나님, 하나님을 사랑하는 ○○가 오직 하나님의 말씀을, 계명을 몸으로 준행하게 하옵소서.

　○○가 믿음대로 행하게 하시고, 아는 대로 행하게 하시고, 꿈꾸는 대로 행하게 하옵소서. 그 길에 하나님의 인애와 언약이 함께 하길 원합니다.

　축복하며 예수 그리스도의 이름으로 기도합니다. 아멘.

29일

우리가 먹고 살기 위해서 사는 것은 아닙니다.
주의 말씀을 이루기 위해서 살아가는 것입니다.

신8:3 너를 낮추시며 너로 주리게 하시며 또 너도 알지
못하며 네 열조도 알지 못하던 만나를 네게 먹이신 것
은 사람이 떡으로만 사는 것이 아니요 여호와의 입에
서 나오는 모든 말씀으로 사는 줄을 너로 알게 하려 하
심이니라

하나님, ○○가 하루하루를 살아갈 때, 먹고, 마시
고, 눕고, 쉬고 하는 일상의 것들에 초점을 맞추
지 말게 하옵소서.

참된 삶은, 보이는 것 외에 하나님의 말씀으
로 살아가는 것임을 기억하게 하시고, 영이 메
마르지 않도록 지켜주옵소서.

축복하며 예수 그리스도의 이름으로 기도합
니다. 아멘.

30일

우리 손에 쥔 모든 것은,
내가 이룬 것이 아니라
하나님께로부터 받은 것입니다.

신9:5 네가 가서 그 땅을 얻음은 너의 의로움을 인함도
아니며 네 마음이 정직함을 인함도 아니요 이 민족들
의 악함을 인하여 네 하나님 여호와께서 그들을 네 앞
에서 쫓아내심이라 여호와께서 이같이 하심은 네 열조
아브라함과 이삭과 야곱에게 하신 맹세를 이루려 하심
이니라

○○를 두고 하신 약속의 성취를 기대하며 기도
합니다. ○○가 성취하는 모든 것, 스스로 이룬 것
이 아니라 하나님의 약속이 이루어진 것임을 믿
게 하시고, 겸손하게 하옵소서.

주께서 반드시 ○○를 복되게 하시고 힘 주셔
서, 주의 사랑이 세상에 널리 전파되는 통로가
되게 하옵소서.

축복하며 예수 그리스도의 이름으로 기도합
니다. 아멘.

31일

하나님께서 우리에게 명령하시는 것은,
우리의 행복을 위해서입니다.

신10:11~12 이스라엘아 네 하나님 여호와께서 네게 요구하시는 것이 무엇이냐 곧 네 하나님 여호와를 경외하며 그 모든 도를 행하고 그를 사랑하며 마음을 다하고 성품을 다하여 네 하나님 여호와를 섬기고 내가 오늘날 네 행복을 위하여 네게 명하는 여호와의 명령과 규례를 지킬 것이 아니냐

하나님, ○○가 하나님의 말씀에 담긴 하나님의 사랑을 깨닫게 하옵소서. 주의 말씀은 ○○의 행복을 위해서 하신 말씀이기에, 말씀대로 살아가는 ○○가 되게 하옵소서.

주 말씀에 따라 하나님을 사랑할 때, 하나님께서 내 아이의 행복한 삶을 책임져 주옵소서. 축복하며 예수 그리스도의 이름으로 기도합니다. 아멘

세 번째 달의 기도

하나님을 의지하면
하나님께서 내 아이를 위해
일하신다고 언약하셨습니다

1일

하나님의 말씀은
격언이 아니라 명령입니다.

신11:27 너희가 만일 내가 오늘 너희에게 명하는 너희의 하나님 여호와의 명령을 들으면 복이 될 것이요

말씀하시는 하나님, ○○(내 자녀의 이름)가 하나님의 말씀을 읽고, 들을 때면, 좋은 말씀으로만 여기지 말게 하시고, 반드시 지키라 말씀하신 하나님의 명령으로 받아들이게 하옵소서.

말씀대로 살아가는 ○○의 삶에 하나님의 도우심과 인도하심이 늘 함께 하실줄 믿고 축복하며 예수 그리스도의 이름으로 기도합니다. 아멘.

2일

한 나라의 국민이면 누려야할 권리와
의무가 있듯, 하나님의 백성인 우리,
누릴 복과 지켜야할 말씀이 있습니다.

신14:2 너는 너의 하나님 여호와의 성민이라 여호와께서 지상 만민 중에서 너를 택하여 자기의 기업의 백성을 삼으셨느니라

하나님, ○○가 자랑스럽게도 하나님의 기업의 자녀가 되게 하시니 감사드립니다. 하나님께서 만드신 세상을 다스리는 자기 되게 하시니 감사드립니다.

하나님의 자녀으로서 주께서 주시는 모든 권리를 누리게 하시고, 더불어 주님 말씀하신 모든 계명을 지키려 힘쓰는 책임있는 자녀가 되게 하옵소서.

믿음으로 축복하며 예수 그리스도의 이름으로 기도합니다. 아멘.

3일

하나님께서 넉넉히 꾸어주며
살아가는 삶을 허락하셨습니다.

신15:6 네 하나님 여호와께서 네게 허락하신 대로 네게 복을 주시리니 네가 여러 나라에 꾸어 줄지라도 너는 꾸지 아니하겠고 네가 여러 나라를 치리할지라도 너는 치리함을 받지 아니하리라

모든 것의 주인이 되시는 하나님, ○○가 돈을 알게 될 무렵부터 더욱 겸손히 주님을 의지하게 하시고, 가난이 찾아오더라도 남에게 꾸는 삶이 아니라, 넉넉히 꾸어주는 삶이 되게 하시고, 누군가의 지배를 받는 삶이 아니라, 남을 도와주는 삶이 되게 하옵소서.

믿음으로 축복하며 예수 그리스도의 이름으로 기도합니다. 아멘.

구제의 마음이 드는 그 순간부터,
내 주머니의 돈은 이미 내 것이 아닙니다.

신15:10 너는 반드시 그에게 구제할 것이요. 구제할 때
에는 아끼는 마음을 품지 말 것이니라 이로 인하여 네
하나님 여호와께서 네 범사와 네 손으로 하는 바에 네
게 복을 주시리라

가난한 자를 돌보시는 하나님, ○○가 나눔과 베
풂의 삶을 살게 하옵소서.

온정의 마음이 드는 그 순간부터 하나님께 드
린다는 생각을 갖게 하시고, 베푼 것에 대한 소
유권을 주장하지 않게 하옵소서.

하나를 내어주면, 하나님께서 두세 개로 화답
하여 주실 줄 믿음으로 축복하며 예수 그리스도
의 이름으로 기도합니다. 아멘.

5일

승리는 사람의 많고 적음이 아니라
오직 하나님께서 도우시는가에 달려 있습니다.

신20:1 네가 나가 대적과 싸우려 할 때에 말과 병거와 민중이 너보다 많음을 볼지라도 그들을 두려워말라 애굽 땅에서 너를 인도하여 내신 네 하나님 여호와께서 너와 함께 하시느니라

만군의 여호와 하나님, 하나님께서 말씀하신 것처럼, ○○의 인생 앞에 장벽이 아무리 크고, 산이 높고, 강이 넓다 할지라도, 대적자의 수가 많다 할지라도, 그것을 ○○가 직접 본다 할지라도 두려워하지 않게 하시고, 오직 하나님께서 함께 하고 계심을 믿고 당당하게 하옵소서.

축복하며 예수 그리스도의 이름으로 기도합니다. 아멘.

6일

하나님께서도 언약을 신실히 지키시듯,
우리에게도 서원한 것을 반드시 지키기 원하십니다.

신23:21 네 하나님 여호와께 서원하거든 갚기를 더디하지 말라 네 하나님 여호와께서 반드시 그것을 네게 요구하시리니 더디면 네게 죄라

하나님께서 우리에게 언약하신 모든 것을 신실히 지켜주시니 감사드립니다.

○○가 하니님께 서원한 것은 바드시 갚게 하시고, 서원한 모든 것을 잊지 않고 기억하게 하옵소서. 서원한 것을 미루는 죄를 짓지 않게 하옵소서.

믿음으로 축복하며 예수 그리스도의 이름으로 기도합니다. 아멘.

7일

두려움 없는 담대함은 하나님께서
우리와 함께 하시는 증거가 됩니다.

수1:9 내가 네게 명령한 것이 아니냐 강하고 담대하라 두
려워하지 말며 놀라지 말라 네가 어디로 가든지 네 하나
님 여호와가 너와 함께 하느니라 하시니라

하나님, ○○가 세상이라는 험난한 곳을 항해하
게 될 때, 하나님의 도우심을 믿고 바라며 두려
움 없이 보내게 하옵소서.

특별히 새로운 일을 시작할 때 갖는 두려움으
로부터 벗어나게 하시고, 하나님께서 주신 새
일들에 대한 확신으로 감사하게 하옵소서.

어디를 가든 항상 곁에 계실 줄 믿고 축복하며
예수 그리스도의 이름으로 기도합니다. 아멘.

8일

내가 잊지만 않는다면, 하나님께서
약속하신 모든 것을 성취할 수 있습니다.

수14:12 그 날에 여호와께서 말씀하신 이 산지를 지금 내게 주소서 당신도 그 날에 들으셨거니와 그 곳에는 아낙 사람이 있고 그 성읍들은 크고 견고할지라도 여호와께서 나와 함께 하시면 내가 여호와께서 말씀하신 대로 그들을 쫓아내리이다 하니

신실하신 하나님, 갈렙이 40년 간을 가나안을 잊지 않고 마음에 품었더니, 마침내 하나님께서 말씀하신 산지를 허락하신 것처럼, ○○가 하나님께서 언약하신 모든 것을 잊지 않게 하시고, 늘 마음에 품게 하옵소서.

꿈을 잊지 않으면, 마침내 그 꿈을 이루게 하시는 하나님의 도우심이 있을 줄 믿습니다.

축복하며 예수 그리스도의 이름으로 기도합니다. 아멘.

9일

지체하는 발걸음은 현실에 안주하게 만들고,
힘을 주는 한걸음은 꿈을 이루게 합니다.

수18:3 여호수아가 이스라엘 자손에게 이르되 너희가 너희 조상의 하나님 여호와께서 너희에게 주신 땅을 점령하러 가기를 어느 때까지 지체하겠느냐

하나님, 이스라엘에 가나안을 주신 것처럼, ○○에게 꿈을 주시고, 그 꿈을 이루기 위해 노력하게 하옵소서. 오늘에 안주하지 않게 하시고, 내일을 꿈꾸며 큰 걸음을 내딛게 하옵소서.

여호수아를 통해 가나안의 꿈을 재차 확인시키신 것처럼, ○○에게도 꿈을 늘 확인시켜 주옵소서.

믿음으로 축복하며 예수 그리스도의 이름으로 기도합니다. 아멘.

10일

하나님의 공의는 의인과 악인을 나누시고,
그 행실대로 심판하시는 것입니다.

수21:45 여호와께서 이스라엘 족속에게 말씀하신 선한 말씀이 하나도 남음이 없이 다 응하였더라

하나님, 하나님의 선하신 약속은 하나도 어김이 없이 이루어집니다.

하나님께서 OO에게 약속하신 모든 것, 말씀하신 모든 것, 하나노 서저 땅에 떨어지는 일이 없이 이루실줄로 믿습니다. OO가 하나님의 약속을 사모하게 하시고, 하나님의 말씀을 기뻐하게 하옵소서.

믿음으로 축복하며 예수 그리스도의 이름으로 기도합니다. 아멘.

11일

하나님께서는 전쟁터 같은 삶에서
우리를 홀로 두지 않으시고,
우리를 위하여 직접 싸워주십니다.

수23:10 너희 중 한 사람이 천 명을 쫓으리니 이는 너희의 하나님 여호와 그가 너희에게 말씀하신 것 같이 너희를 위하여 싸우심이라

의의 방패가 되시는 하나님, 전쟁터 같은 삶에서 우리를 홀로 보내지 아니하시니 감사드립니다.

　○○가 언제나 그렇듯, 하나님의 보호하심 가운데 있게 하시고, ○○를 위하여 싸우시는 하나님의 능력을 날마다 보게 하옵소서.

　믿음으로 축복하며 예수 그리스도의 이름으로 기도합니다. 아멘.

12일

오직 하나님만을 섬기겠다는 결심은
여호수아를 참으로 여호수아 되게 한
다짐입니다.

수24:15 너희가 섬길 자를 오늘 택하라 오직 나와 내
집은 여호와를 섬기겠노라 하니

하나님, 여호수아가 백성 앞에서 하나님만을 섬기겠다고 다짐했던 것처럼, ○○도 많은 사람들 앞에서 오직 하나님만을 섬기겠다고 결심하게 하옵소서.

○○의 결심이 다른 이들에게도 영향을 끼쳐 ○○를 만나는 사람마다 하나님을 섬기는 자가 되게 하옵소서.

믿음으로 축복하며 예수 그리스도의 이름으로 기도합니다. 아멘.

13일

우리의 헌신은 하나님을 사랑하는
누군가의 자랑이 됩니다.

삿5:9 내 마음이 이스라엘의 방백을 사모함은 그들이 백성 중에서 즐거이 헌신하였음이니 여호와를 찬송하라

하나님, ○○가 하나님을 사랑하는 만큼 즐겁게 헌신하는 ○○가 되게 하옵소서.

○○의 헌신을 통해 다른 누군가가 하나님을 찬양하게 하시고, ○○의 삶을 통해 누군가가 신앙의 길에 바로 서게 하옵소서.

믿음으로 축복하며 예수 그리스도의 이름으로 기도합니다. 아멘.

14일

주의 원수들은 하나님 앞에서
낙엽처럼 떨어지고, 하나님을 사랑하는 자는
해돋는 아침과 같습니다.

삿5:31 여호와여 주의 원수들은 다 이와 같이 망하게 하
시고 주를 사랑하는 자들은 해가 힘 있게 돋음 같게 하
시옵소서 하니라 그 땅이 사십 년 동안 평온하였더라

하나님, 이스라엘의 위협 속에서 드보라와 야일
이라는 여인을 택하셔서 적군을 물리치게 하신
것처럼, ○○기 연약할 지라도 하나님께서 힘이
되어주시면 어둠을 뚫고 솟는 태양처럼 강하게
될줄로 믿습니다.

　○○에게 힘에 힘을 더하여 주시고, 능력이 되
어 주옵소서.

　믿음으로 축복하며 예수 그리스도의 이름으
로 기도합니다. 아멘.

15일

감독에 따라 선수들의 능력이 달라지듯,
하나님께서 우리 능력을 일깨워주셔서
이전과 다른 힘을 발휘하게 됩니다.

삿6:16 여호와께서 그에게 이르시되 내가 반드시 너와 함께 하리니 네가 미디안 사람 치기를 한 사람을 치듯 하리라 하시니라

우리의 힘이 되시는 하나님, 사람이 누구에게 배우는가에 따라 그 인생과 능력은 달라집니다. 능력의 하나님께서 ○○를 친히 지도하시고, 이끌어 주셔서 ○○의 능력이 십분 발휘되게 하옵소서.

백 명이 몰려와도 한 사람을 상대하듯 힘에 힘을 더하여 주옵소서.

믿음으로 축복하며 예수 그리스도의 이름으로 기도합니다. 아멘.

16일

하나님께서 우리 삶에 나아가야할
가장 좋은 때를 일러주시고,
일어서도록 깨워주십니다.

삿7:9 그 밤에 여호와께서 기드온에게 이르시되 일어나 진영으로 내려가라 내가 그것을 네 손에 넘겨 주었느니라

졸지도 주무시지도 아니하시는 하나님, 기드온과 이스라엘 백성에게 가장 좋은 때를 일러주시고 친히 깨워주신 것처럼, ○○가 공부할 때와 노력할 때와 쉴 때와 하나님을 찬양할 가장 좋은 때를 매 순간마다 알려주옵소서.

○○가 주저할 때면, 확신을 주셔서 그 일을 능히 감당하게 하옵소서.

민음으로 축복하며 예수 그리스도의 이름으로 기도합니다. 아멘.

17일

하나님의 영이 임하시면,
상상할 수 없는 능력을 행케 됩니다.

삿14:6 여호와의 영이 삼손에게 강하게 임하니 그가 손에 아무것도 없이 그 사자를 염소 새끼를 찢는 것 같이 찢었으나 그는 자기가 행한 일을 부모에게 알리지 아니하였더라

능력의 하나님, ○○의 능력은 오직 하나님께로부터 내려옵니다.

지혜의 영을, 권능의 영을 내려주시어, 오직 하나님의 영의 힘으로 그 능력을 발휘하는 ○○가 되게 하옵소서.

주님께서 함께 하시면, 능치 못할 일이 없을 줄로 믿고, 축복하며 예수 그리스도의 이름으로 기도합니다. 아멘.

18일

방향을 잘못 잡은 화살 같은 인생이라도
하나님의 영이 임하시면 표적에 닿을 수 있습니다.

삿16:28 삼손이 여호와께 부르짖어 이르되 주 여호와여
구하옵나니 나를 생각하옵소서 하나님이여 구하옵나니
이번만 나를 강하게 하사 나의 두 눈을 뺀 블레셋 사람
에게 원수를 단번에 갚게 하옵소서 하고

하나님, 삼손을 통해 방향을 잃은 삶이어도 하
나님이 도움으로 바른 표적에 닿을 수 있음을
보여주시니 감사합니다.

　○○가 자라면서 목적을 잃은 삶을 살지 않도
록 지켜주옵소서. 혹여 ○○가 향방을 잃은 삶이
라 할지라도, 하나님의 손길이 닿으면 바른 목
적을 찾을 수 있사오니 주님 도와주옵소서.

　인도하실 줄 믿고 축복하며 예수 그리스도의
이름으로 기도합니다. 아멘.

19일
신의를 지키면,
하나님께서 더 큰 것으로 갚아주십니다.

룻1:16 룻이 이르되 내게 어머니를 떠나며 어머니를 따르지 말고 돌아가라 강권하지 마옵소서 어머니께서 가시는 곳에 나도 가고 어머니께서 머무시는 곳에서 나도 머물겠나이다 어머니의 백성이 나의 백성이 되고 어머니의 하나님이 나의 하나님이 되시리니

하나님, 지금처럼 신의를 잃어가고 있는 시대 속에서 룻을 통해 신의를 지키면 하나님께서 갚아주심을 보여주시니 감사드립니다.

○○가 속하는 모든 공동체에서 신의를 지키는 사람이 되게 하옵소서. 약속을 신실히 지키는 ○○가 되게 하시고, 사람들로 하여금 '믿을만한 사람'으로 인정받게 하옵소서.

축복하며 예수 그리스도의 이름으로 기도합니다. 아멘

20일

우리 기도의 응답은 때로
다른 사람의 입술을 통해 확증되기도 합니다.

삼상1:17 엘리가 대답하여 이르되 평안히 가라 이스라엘의 하나님이 네가 기도하여 구한 것을 허락하시기를 원하노라 하니

사랑의 하나님, 한나의 기도에 엘리제사장의 입술을 통하여 확증해주신 것처럼, ○○의 모든 기도에 응답의 확증을 주옵소서.

○○가 친구 때문에, 학교 때문에, 가정 때문에 염려하며 기도하는 모든 것들에 대해 하나님께서 책임져 주심을 확신하게 하옵소서.

응답하시는 하나님이심을 믿기에 축복하며 예수 그리스도의 이름으로 기도합니다. 아멘.

21일

아무리 둘러보아도
우리 하나님 같은 분은 없습니다.

삼상2:2 여호와와 같이 거룩하신 이가 없으시니 이는 주 밖에 다른 이가 없고 우리 하나님 같은 반석도 없으심이니이다

하나님, 우리 삶을 세밀히 돌보아 주셔서 흔들림이 없이 굳게 지켜주시니 감사드립니다.

○○의 삶에 거센 풍랑이 불어올 때, 반석이 되시는 주님이 계심을 기억하게 하옵소서. 힘들 때면 주님의 얼굴을 바라보는 ○○가 되게 하시고, 바라볼 때마다 환한 은혜의 얼굴을 비춰 주옵소서.

축복하며 예수 그리스도의 이름으로 기도합니다. 아멘.

22일

하나님께서 운행하시는 삶의 여정에
우리는 그저 올라 타 있습니다.

삼상2:6 여호와는 죽이기도 하시고 살리기도 하시며 스올에 내리게도 하시고 거기에서 올리기도 하시는도다

하나님, ○○가 하나님의 뜻을 거스를 때면, 강권하시는 은혜가 있기를 소망합니다.

○○가 주님의 마음에 쏙 드는 삶을 살 때면, 다윗에게 내리신 복에 복을 더하여 주시길 소망합니다. 오직 주님의 뜻대로 살아갈 때, 삶이 가장 행복함을 믿게 하시고, 그렇게 살게 하옵소서.

믿음으로 축복하며 예수 그리스도의 이름으로 기도합니다. 아멘.

23일

가난과 부가, 낮아짐과 높아짐이
어디로부터 오는지 묵상할수록 해답은 하나,
오직 하나님이십니다.

인생의 주관자 되시는 하나님, ○○를 주님의 손에 맡기오니 부하게 하시고, 높여주옵소서. 그러나 ○○가 스스로 그렇게 된 것이라 여기지 않게 하시고 하나님의 은혜임을 기억하게 하옵소서.

언제나 겸손히, 남을 위해 도움의 손길을 펴는 자가 되게 하옵소서.

축복하며 예수 그리스도의 이름으로 기도합니다. 아멘.

24일

누가 하나님께 더 가까이
닿아 있느냐가 인생의 순위가 됩니다.

삼상2:8 가난한 자를 진토에서 일으키시며 빈궁한 자를 거름더미에서 올리사 귀족들과 함께 앉게 하시며 영광의 자리를 차지하게 하시는도다 땅의 기둥들은 여호와의 것이라 여호와께서 세계를 그것들 위에 세우셨도다

하나님, 사람들은 얼마나 많이 가졌는가로 성공을 판가름 하지만, 하나님의 판단 기준은 하나님께 가까이 닿아 있느냐임을 믿습니다.

○○가 어떤 상황 속에서도 하나님께 가까이 다가서게 하옵소서. 그리하면 오늘은 진토이지만, 내일은 영광의 자리에 앉게 될 줄로 믿습니다.

축복하며 예수 그리스도의 이름으로 기도합니다. 아멘.

25일

우리를 부르시는 하나님께서
우리의 응답을 원하고 계십니다.

삼상3:10 여호와께서 임하여 서서 전과 같이 사무엘아 사무엘아 부르시는지라 사무엘이 이르되 말씀하옵소서 주의 종이 듣겠나이다 하니

사람들과 대화하기 원하시고 가까이 하기 원하시는 하나님, ○○를 부르실 때 ○○가 응답할 수 있게 하옵소서. 혹 사무엘처럼 누가 부르고 계신지 모를 때에는 일깨워주는 엘리 제사장 같은 이들을 곁에 붙여 주옵소서.

주의 음성을 듣기에 주 뜻대로 살아가는 지도자가 되게 하옵소서.

믿음으로 축복하며 예수 그리스도의 이름으로 기도합니다. 아멘.

26일

하나님께서 우리를 두고
'보라! 내가 말한 사람이다!'
외치기 원하십니다.

삼상9:17 사무엘이 사울을 볼 때에 여호와께서 그에게 이르시되 보라 이는 내가 네게 말한 사람이니 이가 내 백성을 다스리리라 하시니라

하나님, ○○가 하나님의 자랑이 되길 원합니다.

처음 사울을 택하실 때, 사무엘에게 이 사람이라 말씀하신 것처럼, 하나님의 선택받은 ○○가 되게 하옵소서.

무엇보다 중심으로 하나님을 신뢰하게 하시고, 그 마음에 허탄한 것이 없도록 이끌어 주옵소서. 하나님의 뜻대로 이 땅을 이끄는 지도자로 삼아 주옵소서.

축복하며 예수 그리스도의 이름으로 기도합니다. 아멘.

27일

우리가 하나님의 백성이 된 것은
하나님의 기쁨이 됩니다.

삼상12:22 여호와께서는 너희를 자기 백성으로 삼으신 것을 기뻐하셨으므로 여호와께서는 그의 크신 이름을 위해서라도 자기 백성을 버리지 아니하실 것이요

우리를 자녀삼아주신 하나님, 우리를 택하신 것이 하나님의 기쁨이 된다는 것에 감사드립니다.

하나님의 신실하신 이름을 위하여, 거룩하신 이름을 위하여 ○○를 책임져 주옵소서. ○○를 버리지 않으시고, 인생의 전반을 책임져 주실 줄로 믿습니다. 언제나 하나님의 기쁨이 되는 ○○가 되게 하옵소서.

축복하며 예수 그리스도의 이름으로 기도합니다. 아멘.

우리 믿음의 행보는
하나님의 역사를 부르는 키워드입니다.

삼상14:6 요나단이 자기의 무기를 든 소년에게 이르되 우리가 이 할례 받지 않은 자들에게로 건너가자 여호와께서 우리를 위하여 일하실까 하노라 여호와의 구원은 사람이 많고 적음에 달리지 아니하였느니라

하나님, 오직 믿음으로 적군을 단 둘이 공격했던 요나난의 믿음처럼, ○○가 하나님의 일하심을 부르는 믿음의 행보를 하게 하옵소서.

　○○의 뒤에는 언제나 하나님께서, ○○의 앞에는 하나님의 능력이 함께 함을 잊지 않게 하시고, 담대한 사람이 되게 하옵소서.

　믿음으로 축복하며 예수 그리스도의 이름으로 기도합니다. 아멘.

29일
하나님을 기쁘게 해드릴 수 있습니다.

삼상15:22 사무엘이 이르되 여호와께서 번제와 다른 제사를 그의 목소리를 청종하는 것을 좋아하심 같이 좋아 하시겠나이까 순종이 제사보다 낫고 듣는 것이 숫양의 기름보다 나으니

순종을 원하시는 하나님, ○○가 하나님을 위하여 무엇을 하기 이전에, 하나님께서 말씀하신 것에 대한 순종을 먼저 생각하게 하옵소서.

○○가 행하는 것마다 주께서 원하시는 일이 되게 하시고, 주께서 ○○ 안에 내주하심으로 흔들리지 않는 선한 삶을 살게 하옵소서.

믿음으로 축복하며 예수 그리스도의 이름으로 기도합니다. 아멘.

30일
마음에 무엇을 담고 있느냐가
어떤 것을 두르고 있느냐보다 중요합니다.

삼상16:7 여호와께서 사무엘에게 이르시되 그의 용모와 키를 보지 말라 내가 이미 그를 버렸노라 내가 보는 것은 사람과 같지 아니하니 사람은 외모를 보거니와 나 여호와는 중심을 보느니라 하시더라

의로우신 하나님, ○○가 멋 부리는 것을 알게 되는 때부터, 외형을 치장하는 노력보다 마음에 아름다운 것을 담는 사람이 되게 하옵소서.

미력적인 사람으로 자라게 하시고, 내면과 외면 모두 아름다운 ○○가 되게 하옵소서.

하나님과 사람들 모두에게 칭찬받고 인정받는 ○○가 되게 하실줄 믿음으로 축복하며 예수 그리스도의 이름으로 기도합니다. 아멘.

31일

손에 쥐고 있는 것이 우리 힘이 아니라,
하나님이 우리의 힘이 되십니다.

삼상17:45 다윗이 블레셋 사람에게 이르되 너는 칼과 창과 단창으로 내게 나아오거니와 나는 만군의 여호와의 이름 곧 네가 모욕하는 이스라엘 군대의 하나님의 이름으로 네게 나아가노라

만군의 여호와 하나님, ○○가 문제를 만날 때면, 잔꾀와 손에 쥘 수 있는 방책들을 의지하지 않게 하시고, 오직 하나님을 의지하게 하옵소서.

칼과 창과 단창이 아니라, 하나님을 의지하여 승리했던 다윗처럼, 그렇게 하나님의 손을 의지하여 문제를 해결하고, 승리하는 삶을 살게 하옵소서.

축복하며 예수 그리스도의 이름으로 기도합니다. 아멘.

네 번째 달의 기도

하나님께서 내 아이의 신실함을 기억하시고,
힘겨울 때면 언제나, 일상의 삶에서도
도와주신다고 언약하셨습니다.

1일

우리의 승리는
하나님을 전하는 도구가 됩니다.

삼상17:47 또 여호와의 구원하심이 칼과 창에 있지 아니함을 이 무리에게 알게 하리라 전쟁은 여호와께 속한 것인즉 그가 너희를 우리 손에 넘기시리라

하나님, 하나님의 이름을 온 세상에 드러내게 하는 방법이 무엇입니까? 오직 하나님을 신실히 믿는 이들의 삶 속에 평강과 능력이 나타날 때임을 고백합니다.

○○(내 자녀의 이름)가 하나님의 능력을 드러내는 삶이 되게 하옵소서. ○○가 하나님의 손길로 인생에서 승리하는 삶이 되게 하옵소서.

믿음으로 축복하며 예수 그리스도의 이름으로 기도합니다. 아멘.

2일

우리가 하는 선한 행실은
하나님의 은혜와 진리,
사람들의 덕을 덧입는 열쇠가 됩니다.

삼하2:6 너희가 이 일을 하였으니 이제 여호와께서 은혜와 진리로 너희에게 베푸시기를 원하고 나도 이 선한 일을 너희에게 갚으리니

하나님, 하나님께서는 사람들의 선한 행실을 보고 기뻐하시는 데 머무르지 않으시고, 반드시 더 큰 은혜와 진리로 베풀어 주시는 분이십니다.

○○가 행하는 모든 선한 삶이 다시 크게 되어 돌아오도록 역사하여 주옵소서. 크게 돌아옴을 믿고, ○○는 기다리며 오직 선한 행실의 사람이 되게 하옵소서.

축복하며 예수 그리스도의 이름으로 기도합니다. 아멘.

3일

강해지고 싶습니까?
하나님과 함께 하십시오. 강성의 비밀입니다.

삼하5:10 만군의 하나님 여호와께서 함께 계시니 다윗이 점점 강성하여 가니라

하나님, 하나님께서 함께 하심으로 다윗이 더욱 강성해진 것처럼, ○○가 오직 하나님과 함께 함으로 튼튼해지도록 인도하옵소서.

몸이 강건하게 하시고, 모든 병을 막아주시는 주님의 손길을 덧입게 하옵소서. 삶 속에서는 능력을 발휘하게 하시고, 주님의 능력으로 높이 오르는 ○○가 되게 하옵소서.

축복하며 예수 그리스도의 이름으로 기도합니다. 아멘.

4일

단 3개월만이라도 하나님의 말씀을
붙들면, 집안에 복을 주십니다.

삼하6:11 여호와의 궤가 가드 사람 오벧에돔의 집에 석 달을 있었는데 여호와께서 오벧에돔과 그의 온 집에 복을 주시니라

하나님, 하나님의 법궤를 모셨던 오벧에돔처럼, ○○가 주의 말씀을 가슴에 품고, 주님을 온전히 섬기게 하옵소서. 그로써 복에 복을 더하시는 하나님의 은혜가 가족 모두에게 임하게 하옵소서.

○○가 가족을 위해 기도할 때, 주의 말씀을 의지해서 기도하게 하시고, 모든 기도에 응답하여 주옵소서.

축복하며 예수 그리스도의 이름으로 기도합니다. 아멘.

5일

하나님 앞에서 뛰노는 자,
주의 은혜를 입을 것입니다.

삼하6:21 다윗이 미갈에게 이르되 이는 여호와 앞에서 한 것이니라 그가 네 아버지와 그의 온 집을 버리시고 나를 택하사 나를 여호와의 백성 이스라엘의 주권자로 삼으셨으니 내가 여호와 앞에서 뛰놀리라

하나님, ○○가 하나님 앞에서라면 어떤 부끄러움도 없도록 인도하옵소서. 하나님 앞에서 옷이 벗겨지도록 기뻐 춤추었던 다윗처럼, ○○가 하나님 앞에서, 하나님의 일을 위해 행할 때에 주위의 눈을 의식하지 않게 하옵소서.

오직 주만 바라보며, 오직 주의 능력을 찬양하는 ○○가 되게 하옵소서.

축복하며 예수 그리스도의 이름으로 기도합니다. 아멘.

6일

우리 삶의 복은 주께서
약속하신 바이기에 반드시 이루어집니다.

삼하7:29 이제 청하건대 종의 집에 복을 주사 주 앞에 영원히 있게 하옵소서 주 여호와께서 말씀하셨사오니 주의 종의 집이 영원히 복을 받게 하옵소서 하니라

하나님, 영원히 주의 능력과 복을 구합니다. 무엇보다 우리 집이 영원히 주님 앞에만 서는 가정이 되게 히시고, 이를 통해 하나님께서 주시는 복을 누리게 하옵소서.

  ○○가 우리 집안에 인하시는 하나님의 복을 보면서 자라게 하시고, ○○도 그렇게 하나님만을 섬기게 하옵소서.

  믿음으로 축복하며 예수 그리스도의 이름으로 기도합니다. 아멘.

7일

우리의 용기는 함께 하는 이들과 하나님을
위하여 드러내는 사랑과 믿음의 표시입니다.

삼하10:12 너는 담대하라 우리가 우리 백성과 우리 하
나님의 성읍들을 위하여 담대히 하자 여호와께서 선히
여기시는 대로 행하시기를 원하노라 하고

하나님, ○○가 언제나 두려움 없는 용기를 가지
게 하옵소서.

○○가 내는 용기는 가족들과, ○○를 사랑하는
사람들과, 하나님을 위하여 나타내는 사랑과 믿
음의 표시입니다. 마음이 연약하여 우울에 빠
지지 않게 하시고, 마음이 병들지 않게 하옵소
서. 건강한 마음과 육체를 지니게 하옵소서.

믿음으로 축복하며 예수 그리스도의 이름으
로 기도합니다. 아멘.

8일

잘못에 대한 참회는
구원의 길을 여는 열쇠입니다.

삼하12:13 다윗이 나단에게 이르되 내가 여호와께 죄를 범하였노라 하매 나단이 다윗에게 대답하되 여호와께서도 당신의 죄를 사하셨나니 당신이 죽지 아니하려니와

하나님, ○○가 실수와 잘못을 저질렀을 때, 인정하고 참회하는 용기를 갖게 하옵소서. 헛된 자존심과 교만으로 잘못을 부인하지 않게 하시고, 언제나 하나님 앞에서 겸손히 회개하는 ○○가 되게 하옵소서.

○○의 회개에 주님께서는 은혜와 구원으로 응답하시고, 하나님의 손길을 체험케 하옵소서.

축복하며 예수 그리스도의 이름으로 기도합니다. 아멘.

9일

우리가 진실을 몰라준다고 억울해 하지만,
하나님께서 모든 일을 감찰하시고,
선한 것으로 갚아주십니다.

하나님, ○○가 자라면서 때로 진실을 몰라주는 이들 때문에 억울한 일을 당할 수도 있지만, 하나님께서 감찰하고 계심을 믿게 하옵소서. 마침내 하나님께서 선한 것으로 갚아주시고, 모든 원통함을 풀어주실 것이기에 분노를 품지 않게 하옵소서.

○○가 지치기 전에 주님께서 갚아주실 줄 믿고 축복하며 예수 그리스도의 이름으로 기도합니다. 아멘.

10일

이 땅에서 문제를 풀어야
하늘 하나님께서 들어주십니다.

삼하21:14 사울과 그 아들 요나단의 뼈와 함께 베냐민 땅 셀라에서 그 아비 기스의 묘에 장사하되 모두 왕의 명대로 좇아 행하니라 그 후에야 하나님이 그 땅을 위하여 기도를 들으시니라

하나님, ○○가 누군가와 관계가 틀어지고, 사람들에게 잘못하였을 때는 하늘이 닫힐 수도 있음을 기억하게 하옵소서.

갈등의 원인을 찾고, 잘못의 원인을 따라가 화해와 용서의 삶을 살게 하옵소서. 갈등 해소를 위해 노력하게 하시고, 갈등해결을 통해 하나님과의 막힌 관계도 아름답게 풀리게 하옵소서.

축복하며 예수 그리스도의 이름으로 기도합니다. 아멘.

11일

어려울 때 부를 수 있고, 들어줄 수 있는
하나님이 계심은 우리의 복입니다.

삼하22:7 내가 환난 중에서 여호와께 아뢰며 나의 하나
님께 아뢰었더니 그가 그의 성전에서 내 소리를 들으심
이여 나의 부르짖음이 그의 귀에 들렸도다

하나님, ○○가 어디에서건, 어느 순간에건 하나
님을 찾을 때면, 그 소리에 귀 기울여 주옵소서.
○○가 더 이상 소리 낼 힘조차 없을 때, ○○가 하
나님을 향해 눈을 들 때에도, 그 눈에 담긴 기도
소리에 응답하여 주옵소서.
　주님은 우리를 들으시는 하나님이십니다.
　축복하며 예수 그리스도의 이름으로 기도합
니다. 아멘.

12일

진실이 위협받고 있는 시대에,
하나님의 말씀은 진실의 의미를 일깨워주십니다.

삼하22:31 하나님의 도는 완전하고 여호와의 말씀은 진실하니 그는 자기에게 피하는 모든 자에게 방패시로다

하나님, 시대가 진실을 외면하고 살아가는 이때, ○○는 무력해 보이는 진실의 참된 힘을 믿게 하옵소서.

참된 진실이 하나님으로부터 니음을 알게 하시고, 하나님을 신뢰하기에 언제나 진실한 ○○가 되게 하옵소서. 진실이 마침내 큰 힘이 있음을 삶으로 보여주는 ○○가 되게 하옵소서.

축복하며 예수 그리스도의 이름으로 기도합니다. 아멘.

13일

우리 삶의 성공 여부는
하나님의 말씀을 지키는가에 달려 있습니다.

왕상2:3 네 하나님 여호와의 명령을 지켜 그 길로 행하여 그 법률과 계명과 율례와 증거를 모세의 율법에 기록된 대로 지키라 그리하면 네가 무엇을 하든지 어디로 가든지 형통할지라

하나님, ○○가 하나님께서 보여주신 증거를 기억하게 하옵소서.

어릴지라도 하나님께서 베푸신 능력과 은혜의 증거들을 가슴과 마음에 새기고, 주께서 보여주신 길로 걸어가게 하옵소서.

어디로 가든 형통하게 되리라는 주의 말씀이 ○○의 삶에 증거로 나타나게 하옵소서.

축복하며 예수 그리스도의 이름으로 기도합니다. 아멘.

14일

주님께서 주시는 지혜와 총명은,
우리를 빛나게 해줍니다.

왕상3:12 내가 네 말대로 하여 네게 지혜롭고 총명한 마음을 주노니 네 앞에도 너와 같은 자가 없었거니와 네 뒤에도 너와 같은 자가 일어남이 없으리라

하나님, 주님께서 ○○에게 주시는 지혜가 삶의 구석구석마다 드러나게 하옵소서.

○○의 상처와 불행 속에서도 주의 능력과 지혜가 발휘되게 하셔서 반전의 기쁨을 누리게 하옵소서. 문제를 푸는 지혜가 탁월하게 하시고, 접하는 상황마다 가장 선하고, 좋은 방법만을 선택하게 하옵소서.

축복하며 예수 그리스도의 이름으로 기도합니다. 아멘.

15일

참된 진리 앞에 거짓된 것은
두려움을 갖게 되어 있습니다.

왕상3:28 온 이스라엘이 왕이 심리하여 판결함을 듣고 왕을 두려워하였으니 이는 하나님의 지혜가 그의 속에 있어 판결함을 봄이더라

지혜의 하나님, ○○가 힘에 굴복하지 않게 하시고, 다른 사람들이 하나님께서 주신 ○○의 지혜로움을 두려워하게 하옵소서. 참된 지혜는 모든 거짓된 것과 악한 것을 두렵게 하는 힘이 있음을 믿습니다.

○○의 바른 행보에 주의 도우심이 항상 함께하실 줄 믿사오며 축복하며 예수 그리스도의 이름으로 기도합니다. 아멘.

16일

주님께서 도우시는 하루하루는
언제나 오늘로부터 시작됩니다.

왕상8:28 그러나 내 하나님 여호와여 주의 종의 기도와
간구를 돌아보시며 이 종이 오늘 주 앞에서 부르짖음
과 비는 기도를 들으시옵소서

하나님, ○○의 하루하루는 주님의 인도하심 속
에 살아가는 날이 되게 하옵소서. ○○의 기도에
내일 응답하시는 것이 아니라, 오늘 응답하여
주옵소서.
　○○의 매일을 하나님께서 함께 하심으로 거룩
하게 될줄로 믿습니다. 평범한 ○○의 하루가 비
범한 날이 될 줄로 믿습니다.
　축복하며 예수 그리스도의 이름으로 기도합
니다. 아멘.

17일

마음을 온전히 하나님께 드리는 것,
하나님의 말씀을 지키는 비결입니다.

왕상8:61 그런즉 너희의 마음을 우리 하나님 여호와께 온전히 바쳐 완전하게 하여 오늘과 같이 그의 법도를 행하며 그의 계명을 지킬지어다

거룩하신 하나님께 ○○가 마음을 온전히 드리게 하옵소서.

아침에 눈뜨며 저녁에 잠들 때까지, 모든 일의 시작을 하나님과 함께 하는 ○○가 되게 하시고, 어떤 상황을 만나든 제일 먼저 하나님을 생각하는 ○○가 되게 하옵소서. 이러한 ○○의 삶에 주님의 능력이 항상 함께 하실 줄 믿습니다.

축복하며 예수 그리스도의 이름으로 기도합니다. 아멘.

18일

하나님의 사랑은
언제까지나 우리와 함께 있습니다.

왕상9:3 여호와께서 그에게 이르시되 네 기도와 네가 내 앞에서 간구한 바를 내가 들었은즉 나는 네가 건축한 이 성전을 거룩하게 구별하여 내 이름을 영원히 그 곳에 두며 내 눈길과 내 마음이 항상 거기에 있으리니

하나님의 사랑은 영원무궁함을 믿습니다.

○○의 기도를 들으시는 하나님, 주님의 거룩하신 이름이 ○○의 삶과 우리 가정에 늘 함께 하시길 원합니다. 주님의 눈길이 ○○의 머리끝에서 발끝까지 살펴 주실 줄 믿습니다. 주님의 마음이 ○○로 인해 기뻐할 수 있기를 원합니다.

축복하며 예수 그리스도의 이름으로 기도합니다. 아멘.

19일

하나님의 영광을 위해서
하나님께서 우리 삶 속에서 일하십니다.

왕상18:37 여호와여 내게 응답하옵소서 내게 응답하옵소서 이 백성에게 주 여호와는 하나님이신 것과 주는 그들의 마음을 되돌이키심을 알게 하옵소서 하매

하나님, 모두가 하나님이 없다 말하며 불가능해 보이는 일 앞에서도 ㅇㅇ가 주님의 도우심으로 능력을 행하게 하시고, 하나님께서 응답하시는 순간마다 주님을 더욱 찬양하게 하옵소서.

선택의 순간에선 언제나 많은 이를 따르기보다 하나님의 뜻을 따르는 ㅇㅇ가 되게 하옵소서.

축복하며 예수 그리스도의 이름으로 기도합니다. 아멘.

20일

우리 갈 길을 다 가도록
하나님께서 일깨워주시고, 먹이십니다.

왕상19:7 여호와의 천사가 또 다시 와서 어루만지며 이르되 일어나 먹으라 네가 갈 길을 다 가지 못할까 하노라 하는지라

엘리야가 지쳐 쓰러졌을 때, 먹이시고 힘을 내게 하신 하나님. ○○가 힘에 겨워 포기하거나, 지쳐 쓰러졌을 때에 힘을 주옵소서.

○○가 하나님께서 이끄시는 인생의 여정을 감사함으로 마무리할 때까지 함께 하옵소서. 갈 길을 다 갈 때까지 생필품을 책임져 주시고, 보호하여 주옵소서.

축복하며 예수 그리스도의 이름으로 기도합니다. 아멘.

21일
거룩한 욕심은
하나님의 능력을 크게 덧입는 비결입니다.

왕하2:9 건너매 엘리야가 엘리사에게 이르되 나를 네게서 데려감을 당하기 전에 내가 네게 어떻게 할지를 구하라 엘리사가 이르되 당신의 성령이 하시는 역사가 갑절이나 내게 있게 하소서 하는지라

하나님, ○○가 눈에 보이는 것들에는 욕심을 부리지 않게 하시고, 하나님의 능력에 대해서는 거룩한 욕심을 품게 하옵소서.

엘리야보다 갑절의 능력을 구했던 엘리사처럼, ○○는 하나님의 능력을, 역사하심을 더욱 바라게 하시고, 거룩한 욕심을 통해 주의 능력을 크게 덧입게 하옵소서.

축복하며 예수 그리스도의 이름으로 기도합니다. 아멘.

회복이 곧 발전입니다.

왕하5:14 나아만이 이에 내려가서 하나님의 사람의 말대로 요단 강에 일곱 번 몸을 잠그니 그의 살이 어린 아이의 살 같이 회복되어 깨끗하게 되었더라

하나님, 어린 아이의 살처럼 회복되었을 때, 나아만에게 제2의 인생이 열린 것처럼, ○○에게 회복하시는 하나님의 능력이 나타나게 하옵소서. 하나님께서 원래 ○○의 삶을 두고 계획하신 것에서 어긋나 있을 때면, 회복시키시고, 참된 발전을 이루는 ○○가 되게 하옵소서. 주의 말씀대로 살아갈 때 가장 완벽한 삶이 된다는 것을 ○○가 믿게 하옵소서.

축복하며 예수 그리스도의 이름으로 기도합니다. 아멘.

23일

눈을 뜨면
하나님의 능력이 보입니다.

왕하6:17 기도하여 이르되 여호와여 원하건대 그의 눈을 열어서 보게 하옵소서 하니 여호와께서 그 청년의 눈을 여시매 그가 보니 불말과 불병거가 산에 가득하여 엘리사를 둘렀더라

하나님, 사환이 엘리사와 함께 있음으로 하늘의 군대를 볼 수 있었던 것처럼, 믿음의 사람들과 늘 함께 하는 ○○가 되게 하옵소서. 누군가의 도움으로 보기보다, ○○의 믿음 때문에 하나님의 능력을 보는 자가 되게 하옵소서. 하나님의 능력을 굳게 믿음으로 걱정을 떨쳐버리는 ○○가 되게 하옵소서.

축복하며 예수 그리스도의 이름으로 기도합니다. 아멘.

24일

하나님의 언약은
어떤 상황 속에서도 흔들리지 않습니다.

왕하8:19 여호와께서 그 종 다윗을 위하여 유다 멸하기를 즐겨하지 아니하셨으니 이는 저와 그 자손에게 항상 등불을 주겠다고 허하셨음이더라

다윗을 위해 그의 자손들까지 지켜주신 하나님, 먼저 부모된 제가 주님의 마음에 합한 자가 되게 하옵소서.

또한 ○○의 삶 앞에 항상 등불을 비춰주셔서 ○○에게 매일 어떻게 살아가야 할지를 알려주옵소서.

눈을 떼지 말아주시고, 늘 가까이 계셔 주옵소서. 주님의 약속은 어떤 상황에서도 깨지지 않음을 믿습니다.

축복하며 예수 그리스도의 이름으로 기도합니다. 아멘.

25일

하나님 보시기에 정직한 일을
행하였는지가 핵심입니다.

왕하10:30 여호와께서 예후에게 이르시되 네가 나보기에 정직한 일을 행하되 잘 행하여 내 마음에 있는 대로 아합 집에 다 행하였은즉 네 자손이 이스라엘 왕위를 이어 사대를 지나리라 하시니라

하나님, 정직한 자에게 은혜를 베풀어주시니 감사드립니다.

○○가 성공을 위해서 영혼을 포기하지 않게 하시고, 하나님 앞에서 정직히 행할 때면, 기회도, 성과도, 성공도 따라오는 것임을 확신하게 하옵소서. 유혹이 찾아올 때면, 언제든 정직한 선택을 하게 하셔서, 하나님 마음에 드는 삶을 살게 하옵소서.

축복하며 예수 그리스도의 이름으로 기도합니다. 아멘.

<h1 style="text-align:center">26일</h1>

<h2 style="text-align:center">하나님의 손이 닿는 곳에
기적이 나타납니다.</h2>

왕하13:21 마침 사람을 장사하는 자들이 그 적당을 보고 그 시체를 엘리사의 묘실에 들이던지매 시체가 엘리사의 뼈에 닿자 곧 회생하여 일어섰더라

하나님의 손이 닿는 곳에 ○○가 있기를 원합니다. 엘리사의 뼈에 닿기만 해도 죽었던 자가 살아났던 것처럼, 하나님께서 만져주시면 ○○가 건강해질 줄 믿습니다.

○○의 아픔을 그냥 두지 마시고, 치유하시는 하나님의 손길을 얹어 주옵소서.

마음과 몸, 영혼에 이르기까지 강건하게 될 줄 믿사오며 축복하며 예수 그리스도의 이름으로 기도합니다. 아멘.

27일

우리를 보호하시는 것,
하나님의 기쁨입니다.

왕하19:34 내가 나와 나의 종 다윗을 위하여 이 성을 보호하여 구원하리라 하셨나이다 하였더라

우리를 보호하시는 하나님, 하나님의 보호하심은 우리에겐 감사요, 하나님께 기쁨이 될 줄로 믿습니다. 무엇보다 하나님께서 살아 역사하고 계심을 ○○의 삶을 통해 나타내 보여주옵소서.

○○는 하나님의 역사를 증거하는 주님의 자녀입니다.

주님의 손길을 기대하고, 축복하며 예수 그리스도의 이름으로 기도합니다.

28일

하나님께서 뜻하시면, 그 뜻을
이루시기 위해 생명도 연장시켜주십니다.

왕하20:6 내가 네 날에 십오 년을 더할 것이며 내가 너와 이 성을 앗수르 왕의 손에서 구원하고 내가 나를 위하고 또 내 종 다윗을 위하므로 이 성을 보호하리라 하셨다 하라 하셨더라

하나님의 뜻을 위해서 히스기야의 생명을 15년 연장시켜주신 하나님, 생명은 하나님께 달려 있음을 고백합니다.

○○가 자라면시 병을 얻을 때가 있을지라도, 하나님께서 ○○를 통해 이루실 일을 위해 건강하게 하옵소서. 들어온 병이 다시 나가게 하시고, 구원의 역사가 나타나게 하옵소서.

믿음으로 축복하며 예수 그리스도의 이름으로 기도합니다. 아멘.

29일
하나님의 언약은 우리가
언약을 지킬 때 더욱 빛을 발합니다.

왕하23:3 왕이 단 위에 서서 여호와 앞에서 언약을 세우되 마음을 다하고 뜻을 다하여 여호와께 순종하고 그의 계명과 법도와 율례를 지켜 이 책에 기록된 이 언약의 말씀을 이루게 하리라 하매 백성이 다 그 언약을 따르기로 하니라

하나님의 언약을 이루어 드리는 ○○가 되길 원합니다. 주님께서 말씀하신 모든 말씀이 ○○의 삶을 통해 나타나기 원합니다.

오직 주님은 하나님이시오니, 주의 말씀대로, 주의 뜻대로 하옵소서. 말씀을 귀히 여기고, 말씀을 이루는 삶이 되게 하셔서, 하나님과 스스로의 삶에 자랑이 되게 하옵소서.

축복하며 예수 그리스도의 이름으로 기도합니다. 아멘.

30일

하나님의 인정을 받는 삶은,
당대와 후대의 사람들에게 자긍심이 됩니다.

왕하23:50 요시야와 같이 마음을 다하며 성품을 다하며 힘을 다하여 여호와를 향하여 모세의 모든 율법을 온전히 준행한 임금은 요시야 전에도 없었고 후에도 그와 같은 자가 없었더라

하나님, ○○의 믿음이 부모의 믿음보다 크게 하옵소서. 이전에도, 이후에도 ○○같은 큰 믿음을 지닌 자가 없을 정도로, 믿음의 완성을 이루는 자가 되게 하옵소서.

온 마음을 다하고, 성품을 다하고, 힘을 다하여 주님을 섬기는 일에 하나님의 인정을 받는 ○○가 되게 하옵소서.

축복하며 예수 그리스도의 이름으로 기도합니다. 아멘.

31일

우리가 돌이키면 되돌릴 수 있지만,
고집피우면 하나님의 징계가 임합니다.

왕하24:13 저가 여호와의 전의 모든 보물과 왕궁 보물을 집어내고 또 이스라엘 왕 솔로몬이 만든 것 곧 여호와의 전의 금 기명을 다 훼파하였으니 여호와의 말씀과 같이 되었더라

하나님, 하나님 안에 거할 때 안전하다는 것을 ○○가 가슴 깊이 새기게 하옵소서.

잘못된 선택을 할 때, 뜻을 돌이키지 않으면 하나님의 징계가 따른 다는 것을 기억하게 하시고, 오직 하나님의 뜻대로만 살아가는 ○○가 되게 하옵소서.

축복하며 예수 그리스도의 이름으로 기도합니다. 아멘.

다섯 번째의 달의 기도

하나님을 섬기는 내 아이의 삶에
은혜와 능력을 덧입혀 주십니다.

1일
하나님의 마음에 드는 기도는
응답을 낳습니다.

대상4:10 야베스가 이스라엘 하나님께 아뢰어 가로되 원컨대 주께서 내게 복에 복을 더하사 나의 지경을 넓히시고 주의 손으로 나를 도우사 나로 환난을 벗어나 근심이 없게 하옵소서 하였더니 하나님이 그 구하는 것을 허락하셨도다

하나님, ○○(내 자녀의 이름)의 지경을 넓혀 주옵소서. ○○가, 꿈꾸는 것을 뛰어 넘는 하나님의 역사가 있기를 소망합니다. 목표에 다다르기까지 환난이 다가올 때면, 근심이 생길 때나, 오직 하나님의 능력을 의지함으로 모든 어려움을 이겨 내게 하옵소서. 구하는 바를 허락하실 줄 믿고, 축복하며 예수 그리스도의 이름으로 기도합니다. 아멘.

2일

삶의 문제를 하나님께
묻지 않는 것만으로도 멸망에 이릅니다.

대상10:14 여호와께 묻지 아니하였으므로 여호와께서 저를 죽이시고 그 나라를 이새의 아들 다윗에게 돌리셨더라

하나님, ○○는 언제나 하나님께 묻고, 또 묻는 자가 되게 하옵소서.

하나님께 묻지 않았던 사울을 폐하시고, 신실한 다윗을 택하신 주님, ○○는 오직 하나님에게 생의 목석을 두며 살아가게 하옵소서.

생의 의문이 생길 때마다 하나님을 찾는 신실한 ○○가 되게 하실 줄 믿고, 축복하며 예수 그리스도의 이름으로 기도합니다. 아멘.

생명을 건 신의는
지도자의 인생을 바르게 인도합니다.

대상11:19 가로되 내 하나님이여 내가 결단코 이런 일을 하지 아니하리이다 생명을 돌아보지 아니하고 갔던 사람들의 피를 어찌 마시리이까 하고 마시기를 즐겨 아니하니라 세 용사가 이런 일을 행하였더라

물을 마시고 싶다는 다윗의 한 마디에 목숨을 걸고 물을 길러온 다윗의 세 용사나, 그 사실을 알고 스스로 깨우쳐 돌이킨 다윗이 하나님의 마음에 들었던 것처럼, ○○가 언제나 신의를 지키게 하옵소서.

○○가, 지도하는 이들의 마음까지 헤아리는 사람이 되게 하시고, ○○의 신의가 지도자의 마음까지 바르게 인도하는 거룩한 발걸음이 되게 하옵소서. 축복하며 예수 그리스도의 이름으로 기도합니다. 아멘.

4일

우리가 누리는 복은 하나님께서
앞에 두시고 기뻐하시는 증거입니다.

대상17:27 이제 주께서 종의 집에 복을 주사 주 앞에
영원히 두시기를 기뻐하시나이다 여호와여 주께서 복
을 주셨사오니 이 복을 영원히 누리리이다 하니라

복을 주시는 하나님, ○○가 하나님 앞에서 하나
님께서 주시는 복을 누리며 기뻐하게 하옵소
서. 주께서 주시는 복을 어떻게 사용해야할지
일러주시고, 말씀대로 바르게 사용함으로 하나
님께 더없는 기쁨이 되게 하옵소서.

주의 복을 영원히 ○○와 우리 가족이 영원히
누리게 하옵소서.

축복하며 예수 그리스도의 이름으로 기도합
니다. 아멘.

5일
과유불급이라 하지만,
하나님의 지혜는 넘칠수록 힘이 됩니다.

대상22:12 여호와께서 네게 지혜와 총명을 주사 네게 이스라엘을 다스리게 하시고 네 하나님 여호와의 율법을 지키게 하시기를 더욱 원하노라

하나님께서 주시는 지혜는 넘치고 또 넘쳐도 해가 되지 않습니다. 솔로몬을 위해 기도했던 아비 다윗처럼, ○○를 위해 기도하오니, ○○에게 지혜와 총명을 넘치도록 부어주시길 원합니다.

○○가 이 나라와 민족을 이끌어 갈 때에, 지혜가 부족하여 잘못된 길로 이끌지 않도록 하시고, ○○ 자신과 나라와 민족 전체에 덕이 되는 삶이 되게 하옵소서.

축복하며 예수 그리스도의 이름으로 기도합니다. 아멘.

6일

골방에서 홀로 약속하지 않는 이유는, 우리가
그만큼 약속을 지키는 데 연약하기 때문입니다.

대상28:9 이제 너희는 온 이스라엘 곧 여호와의 회중의
보는 데와 우리 하나님의 들으시는 데서 너희 하나님
여호와의 모든 계명을 구하여 지키기로 하라 그리하면
너희가 이 아름다운 땅을 누리고 너희 후손에게 끼쳐
영원한 기업이 되게 하리라

하나님, 약속이 쉽게 무너지는 이 세상에서 언
약의 소중함을 일깨워주시니 감사드립니다.
　어떤 약속이든지 ○○가 홀로 마음에 다짐하는
것을 넘어 하나님과의 언약이 되게 하시고, 언
약한 바를 반드시 지키는 ○○가 되게 하옵소서.
약속을 지킴으로 주님께서 주시는 가장 좋은 땅
을 누리게 하옵소서.
　축복하며 예수 그리스도의 이름으로 기도합
니다. 아멘.

7일

우리 능력으로 얻는 것이 아니라,
하나님의 은혜로 누리게 됩니다.

대상29:12 부와 귀가 주께로 말미암고 또 주는 만물의 주재가 되사 손에 권세와 능력이 있사오니 모든 사람을 크게 하심과 강하게 하심이 주의 손에 있나이다

만물의 주인이 되시는 하나님, ○○가 좋은 성적을 내고, 인정받는 삶을 살 때에도 하나님께서 ○○를 강하게 하신 결과임을 고백하게 하옵소서. 모든 것은 하나님의 손 안에 달려 있습니다.

삶의 멋진 성공이 하나님의 손을 출발하여 ○○의 손에 도착하게 하옵소서.

믿음으로 축복하며 예수 그리스도의 이름으로 기도합니다. 아멘.

8일

아무도 내 마음을 몰라줄 때에도, 하나님께서는
마음을 헤아리시고 등을 토닥여 주십니다.

대하6:30 주는 계신 곳 하늘에서 들으시며 사유하시되
각 사람의 마음을 아시오니 그의 모든 행위대로 갚으
시옵소서 주만 홀로 사람의 마음을 아심이니이다

우리의 마음을 헤아리시는 하나님, 하나님께서
는 ○○의 혼잣말까지도 들으시는 줄 믿습니다.
　억울한 일을 당할 때나 속상한 일이 있을 때,
하나님께서 들어주옵소서. 부모에게조차 감추
어야할 억울한 비밀이 생기지 않게 하시고, 주
님께서 가장 좋은 것으로 갚아주시고 달래주옵
소서.
　믿음으로 축복하며 예수 그리스도의 이름으
로 기도합니다. 아멘.

9일

우리의 기도와 간구는
하나님의 용서를 낳습니다.

대하6:39 주는 계신 곳 하늘에서 그들의 기도와 간구를 들으시고 그들의 일을 돌보시오며 주께 범죄한 주의 백성을 용서하옵소서

하늘에 계신 하나님, 이 땅에 우리와 함께 우리 삶을 돌봐주시니 감사드립니다. 하나님은 우리의 어떤 모습 속에서도 사랑을 포기하지 않으시는 줄 믿습니다.

실수와 잘못 앞에서 언제나 주님께 기도하는 ○○가 되게 하시고, 영원하신 주님의 사랑으로 ○○를 감싸 안아주옵소서.

용서하시는 주님을 의지하며, 예수 그리스도의 이름으로 기도합니다. 아멘.

10일

하나님의 공평하신 은혜는
약한 자를 일으켜 세워주시는 것입니다.

대하14:11 아사가 그의 하나님 여호와께 부르짖어 이르되 여호와여 힘이 강한 자와 약한 자 사이에는 주밖에 도와 줄 이가 없사오니 우리 하나님 여호와여 우리를 도우소서

공평하신 하나님, 하나님의 도우심은 약한 자에게 더 크게 임하는 줄로 믿습니다.

○○가 언제나 하나님 앞에서 약한 자가 되게 하옵소서. 하나님 앞에서는 애통하는 자가 되게 하옵소서. 하나님 앞에서 하나님의 도움이 절실히 필요한 자가 되게 하옵소서.

주의 도우심으로 세상에서 당당하게 살아가게 하실 줄 믿음으로 축복하며 예수 그리스도의 이름으로 기도합니다. 아멘.

11일

하나님을 두려워하면, 하나님의 공의를
하수처럼 흐르게 할 수 있습니다.

대하19:7 그런즉 너희는 여호와를 두려워하는 마음으로
삼가 행하라 우리의 하나님 여호와께서는 불의함도 없
으시고 치우침도 없으시고 뇌물을 받는 일도 없으시니
라 하니라

하나님, 세상에서 힘 있는 자들은 그 힘으로 좌
지우지하지만, 우리는 오직 하나님을 붙잡습니
다. 하나님의 공의가 이 땅에 하수처럼 흐르게
하옵소서.

　　○○가 하나님을 두려워하게 하시되, 그 두려
움이 ○○의 삶에서 거룩함과 공의를 행하는 힘
의 원천이 되게 하옵소서.

　　믿음으로 축복하며 예수 그리스도의 이름으
로 기도합니다. 아멘.

12일

형통의 비결을 묻고자 한다면,
하나님을 신뢰하십시오.

대하20:20 여호사밧이 서서 이르되 유다와 예루살렘 주민들아 내 말을 들을지어다 너희는 너희 하나님 여호와를 신뢰하라 그리하면 견고히 서리라 그의 선지자들을 신뢰하라 그리하면 형통하리라 하고

하나님의 능력 안에서 우리의 지위가 달라질 줄로 믿습니다. 하나님을 신뢰하면, 우리 삶의 이력서에도 능력이 나타날 줄로 믿습니다.

○○가 자라는 가운데 하나님께서 친히 챙겨주시는 능력으로 자랑할 만한 이력들로 채워지게 하시고, 그 누구에게도 부끄러움이 없는 삶을 살게 하옵소서.

축복하며 예수 그리스도의 이름으로 기도합니다. 아멘.

13일

작은 일에 충성하면,
하나님께서 모든 일을 책임져 주십니다.

대하31:21 그가 행하는 모든 일 곧 하나님의 전에 수종 드는 일에나 율법에나 계명에나 그의 하나님을 찾고 한 마음으로 행하여 형통하였더라

하나님의 일은 사람이 보기에 아주 작은 일도 크고, 보잘것없어 보여도 위대함을 믿습니다.

○○가 하나님의 일에 최선을 다하게 하시고, 작은 일에도 충성함으로 ○○의 일생에 큰 일을 책임져주시는 하나님의 능력을 맛보게 하옵소서.

주님의 능력을 의지하며 예수 그리스도의 이름으로 기도합니다. 아멘.

14일

하나님께서 주시는 감동은
굳은 바위조차 녹이는 힘이 있습니다.

스1:1 바사왕 고레스 원년에 여호와께서 예레미야의 입으로 하신 말씀을 응하게 하시려고 바사 왕 고레스의 마음을 감동시키시매 저가 온 나라에 공포도 하고 조서도 내려 가로되

하나님의 손은 닿지 않는 곳이 없습니다.

이스라엘을 멸망시켰던 페르시아 왕의 마음을 녹이신 하나님, ○○가 살아가는 동안, 적대자를 만나도, 원수 같은 이들을 만나도, 마침내 하나님의 도우심으로 그들이 변하게 하시고, 하나님께서 감동시키셔서 ○○가 평탄한 길을 걷게 하옵소서.

믿음으로 축복하며 예수 그리스도의 이름으로 기도합니다. 아멘.

15일

하나님께서 주신 지혜는 유통될 때
더 큰 역사가 이루어지는 법입니다.

스7:25 에스라여 너는 네 손에 있는 네 하나님의 지혜를 따라 네 하나님의 율법을 아는 자로 유사와 재판관을 삼아 강 서편 모든 백성을 재판하게 하고 그 알지 못하는 자는 너희가 가르치라

하나님, ○○에게 부어주신 지혜를, 깨우친 모든 가르침을 홀로 독차지 하지 않게 하옵소서. 주님의 지혜를 유통하는 삶이 더 큰 은혜를 누리는 삶임을 알게 하옵소서.

하나님의 사랑을 독점하는 ○○가 아니라, 하나님의 더 큰 사랑을 모두가 누리도록 이끄는 참된 지도자가 되게 하옵소서.

믿음으로 축복하며 예수 그리스도의 이름으로 기도합니다. 아멘.

16일

자기 비움은 하나님으로
가득 채우는 방법입니다.

스8:23 그러므로 우리가 이를 위하여 금식하며 우리 하나님께 간구하였더니 그의 응낙하심을 입었느니라

하나님, 하나님의 사랑을 채우는 방법을 깨닫게 하옵소서. 돌아보니, 나 자신을 비울 때, 하나님의 은혜로 채워짐을 깨닫습니다.

이 지혜를 ○○가 너무 늦지 않은 시간에 깨닫게 하옵소서. 비움을 통해 건강하게도 하시고, 비움을 통해 가득 채워주시는 주님의 은혜로 평강을 누리는 삶 또한 살게 하옵소서.

축복하며 예수 그리스도의 이름으로 기도합니다. 아멘.

17일

인생을 아낌으로 헛되이 보내지 말고,
믿음을 아낌으로 귀한 것을 잃지 마십시오.

느1:5 이르되 하늘의 하나님 여호와 크고 두려우신 하나님이여 주를 사랑하고 주의 계명을 지키는 자에게 언약을 지키시며 긍휼을 베푸시는 주여 간구하나이다

하나님, 하나님의 계명을 아끼게 하옵소서.

○○가 인생을 아낌으로 시간을 헛되이 보내지 않게 하시고, 믿음을 아낌으로 하나님의 귀한 말씀을 잃거나 잊지 않도록 지켜 주옵소서. 하나님의 말씀을 귀하게 ○○가 여기며 살아갈 때 하나님께서는 ○○를 아낌으로 빛나는 보석이 되게 하실 줄 믿습니다.

축복하며 예수 그리스도의 이름으로 기도합니다. 아멘.

<h1 style="text-align:center">18일</h1>

주의 말씀이 임하는 곳에는
참된 회개를 넘어 기쁨의 축제가 넘칩니다.

느8:9 백성이 율법의 말씀을 듣고 다 우는지라 총독 느헤미야와 제사장 겸 학사 에스라와 백성을 가르치는 레위 사람들이 모든 백성에게 이르기를 오늘은 너희 하나님 여호와의 성일이니 슬퍼하지 말며 울지 말라 하고

우리에게 축제의 날을 허락하신 하나님, 하나님의 말씀을 듣고, 죄사함을 입고, 은혜를 입는 모든 순간이 곧 축제의 순간임을 고백합니다.

○○가 주의 말씀 속에 감동을 얻게 하시고, 일생의 삶 속에 감정이 늙어 눈물이 마르는 ○○가 되지 않게 하옵소서. 주님 앞에서 감격하여 뛰노는 ○○가 되게 하시고, 이를 어여삐 보아주옵소서.

축복하며 예수 그리스도의 이름으로 기도합니다. 아멘.

19일

우리를 살게 하시는 도우심을
입고자 한다면, 주님의 긍휼을 구하십시오.

느9:31 주의 크신 긍휼로 그들을 아주 멸하지 아니하시며 버리지도 아니하셨사오니 주는 은혜로우시고 불쌍히 여기시는 하나님이심이니이다

아무것도 남기지 못하고 사라지는 인생이 없게 하심을 감사드립니다.

주님, ○○의 삶과 생각과 행적이 사라지는 것이 아니라, 주님 앞에서 기억되게 하옵소서. 하나님 앞에 선 ○○의 성적표에는 주님의 은혜만 찍히게 하시고, 절망을 넘어 소망으로 가득 채워지게 하옵소서.

믿음으로 축복하며 예수 그리스도의 이름으로 기도합니다. 아멘.

20일

하나님께서는 우리의 모든 행동가운데
선한 일을 기억하시고, 크게 동그라미를 쳐주십니다.

느13:14 내 하나님이여 이 일로 말미암아 나를 기억하
옵소서 내 하나님의 전과 그 모든 직무를 위하여 내가
행한 선한 일을 도말하지 마옵소서

하나님, 느헤미야가 행한 선한 일을 기억하셔
서, 그에게 맡긴 사명을 감당하게 하시니 감사
드립니다.

　○○가 부모 앞에 좋은 성적의 시험지를 자랑
하듯 가져오는 것처럼, 하나님 앞에 언제나 선
한 행실을 자랑하며 고백하는 자가 되게 하옵소
서. 성령의 능력으로 열매 맺는 ○○가 되게 하옵
소서.

　축복하며 예수 그리스도의 이름으로 기도합
니다. 아멘.

21일

내 이웃을 내 몸과 같이 사랑하기에
민족의 위기 앞에 잠잠할 수 없습니다.

에4:16 당신은 가서 수산에 있는 유다인을 다 모으고 나를 위하여 금식하되 밤낮 삼 일을 먹지도 말고 마시지도 마소서 나도 나의 시녀와 더불어 이렇게 금식한 후에 규례를 어기고 왕에게 나아가리니 죽으면 죽으리이다 하니라

하나님, 민족의 위기 앞에서 잠잠하지 않았던 에스더처럼, ○○가 나라와 민족의 문제 앞에서 침묵하지 않게 하옵소서.

불평과 비평으로 젊음을 허비하지 않게 하시고, 언제나 주님 주시는 지혜로 해결책을 찾아가는 사람이 되게 하옵소서.

믿음으로 축복하며 예수 그리스도의 이름으로 기도합니다. 아멘.

22일

하나님의 도움으로 위기를 넘긴 인생엔
시원한 대로가 뚫립니다.

이스라엘을 구원하신 하나님, 포로생활 속에서도 하나님께서 도우시기에 위기를 극복하며 창대케 되었던 모르드개를 통해 배우게 하시니 감사드립니다.

　○○의 삶에 위기 뒤에는 언제나 하나님의 도우심으로 탄탄대로가 뚫리게 히옵소서. 생의 위기를 겪을 때마다 이후에 찾아올 영광을 바라보는 사람이 되게 하옵소서.

　믿음으로 축복하며 예수 그리스도의 이름으로 기도합니다. 아멘.

23일

주신 분과 거두어가신 분이 같은 분이시기에,
오늘의 빈 손에도 내일의 채워짐을
기대할 수 있습니다.

욥1:21 이르되 내가 모태에서 알몸으로 나왔사온즉 또한 알몸이 그리로 돌아가올지라 주신 이도 여호와시요 거두신 이도 여호와시오니 여호와의 이름이 찬송을 받으실지니이다 하고

우리를 보내신 하나님, 모든 인생이 빈손으로 왔다가 빈손으로 가지만, 어떻게 살았는지는 남게 되어 있습니다.

○○가 빈손에 대한 두려움을 떨치게 하시고, 하나님께서 가져가셨기에 다시 주실 분도 하나님이심을 믿음으로 고백하게 하옵소서.

믿음의 삶이 ○○의 훈장이 되게 하실 줄 믿사오며, 축복하며 예수 그리스도의 이름으로 기도합니다. 아멘.

24일

하나님을 떠나서 형통할 수가 없습니다.
하나님 안에 있는 것이 곧 형통이기 때문입니다.

욥9:4 그는 마음이 지혜로우시고 힘이 강하시니 그를 거슬러 스스로 완악하게 행하고도 형통할 자가 누구이랴

우리 삶의 참된 형통은 하나님과 함께 하는 것입니다.

○○가 인생을 마감할 때, 내 생의 가장 좋은 것은 하나님이 나와 함께 하시는 것이었다고 고백한 존 웨슬리를 본받게 하옵소서. 하나님과 함께 하는 것이 힘이라는 것을 ○○가 날마다 체험하게 하옵소서. 주의 능력은 한이 없으시기 때문입니다.

축복하며 예수 그리스도의 이름으로 기도합니다. 아멘.

25일

우리를 구원하시는 하나님은
오늘 우리가 사는 이 땅 위에 서 계십니다.

욥19:25 내가 알기에는 나의 대속자가 살아 계시니 마
침내 그가 땅 위에 서실 것이라

하나님, 하나님께서 멀리 하늘에 계시는 것이
아니라, 오늘 ○○의 삶의 현장에 임하여 주심을
믿습니다. ○○가 어두운 밤길을 홀로 걸을 때에
도 주님께서 보호하여 주시고, 죄악의 유혹에서
언제나 구원하여 주옵소서.

○○ 곁에 언제나 하나님께서 동행하고 있음을
잊지 않게 하셔서, 강하고 담대하게 하옵소서.

축복하며 예수 그리스도의 이름으로 기도합
니다. 아멘.

26일

하나님의 영원하신 계획은,
우리로 하여금 주께 돌아가도록 하는 것입니다.

욥22:23 네가 만일 전능자에게로 돌아가면 네가 지음을
받을 것이며 또 네 장막에서 불의를 멀리 하리라

전능자이신 하나님, 하나님께서는 오래 전, 시
간이 존재하기 전부터 ○○를 계획하시고, 준비
하신 줄로 믿습니다.

　○○가 사춘기를 보내는 동안 허무에 굴복하지
않게 하시고, 하나님의 사랑의 끈을 놓지 않게
하옵소서. 마침내 새롭게 하시고, 온전케 하실
줄로 믿습니다.

　축복하며 예수 그리스도의 이름으로 기도합
니다. 아멘.

27일
하나님의 연단이 없다는 것 자체가
버림받은 증거가 아니겠습니까?

욥23:10 그러나 내가 가는 길을 그가 아시나니 그가 나를 단련하신 후에는 내가 순금 같이 되어 나오리라

하나님의 사랑을 입은 모든 존재에게 연단이 있음을 믿습니다.

○○가 하나님의 연단을 어렵다 피하지 않게 하시고, 연단 후에 정금같이 주님과 사람들 앞에 서는 ○○가 되게 하옵소서. 어려움이 문제가 아니라 믿음 없음이 문제이기에, 어려움 앞에서도 믿음을 잃지 않는 사람이 되게 하옵소서.

축복하며 예수 그리스도의 이름으로 기도합니다. 아멘.

하나님을 찾는 자에게
하나님께서는 그 얼굴을 가리지 않으십니다.

욥33:26 그는 하나님께 기도하므로 하나님이 은혜를 베
푸사 그로 말미암아 기뻐 외치며 하나님의 얼굴을 보
게 하시고 사람에게 그의 공의를 회복시키시느니라

은혜의 주님, ○○가 욥처럼 하나님의 손길에 대
한 의심과 회의가 들 때에도 하나님께 묻는 사
람이 되세 하옵소서.

의심이 죄악이 아니라, 불신이 죄악임을 깨닫
게 하셔서, 삶의 궁금증을 부모에게 질문하듯,
하나님을 찾는 ○○가 되게 하옵소서. 그럴 때마
다 은혜로우신 하나님께서 얼굴을 가리지 마시
고, 만나주옵소서.

축복하며 예수 그리스도의 이름으로 기도합
니다. 아멘.

29일

우리는 하나님의 은혜를
측량할 수 없기에 믿음의 눈으로 보는 것입니다.

욥37:23 전능자를 우리가 측량할 수 없나니 그는 권능이 지극히 크사 심판이나 무한한 공의를 굽히지 아니하심이니라

하나님, ㅇㅇ가 믿음의 증거를 찾아서 믿음을 키우는 삶이 아니라, 먼저 믿기에 증거를 체험하게 하옵소서.

믿음의 눈으로 하루하루를 보게 하시되, 하나님께서 아껴두시던 선한 결실이 ㅇㅇ를 통해 드러나게 하옵소서.

믿음으로 축복하며 예수 그리스도의 이름으로 기도합니다. 아멘.

30일

창조하신 뜻을 알지도 못하면서, 어찌 우리가
하나님의 선하신 계획을 의심할 수 있겠습니까!

욥38:4 내가 땅의 기초를 놓을 때에 네가 어디 있었느
냐 네가 깨달아 알았거든 말할지니라

세상을 창조하신 하나님, 하나님의 참된 뜻을
알지도 못하면서, 하나님의 선하신 계획을 의심
하지 않게 하옵소서.

하나님께서 주시는 모든 삶을 감사함으로 받
으면, 모든 것이 합력하여 선을 이루는 복이 될
줄로 믿습니다. 이 믿음이 ○○의 믿음이 되게 하
셔서 주어진 모든 상황 속에서 하나님께 감사하
는 사람이 되게 하옵소서.

믿음으로 축복하며 예수 그리스도의 이름으
로 기도합니다. 아멘.

31일

하나님께서는 우리의 오감을
통하여 하나님을 알게 하십니다.

욥 42:5 내가 주께 대하여 귀로 듣기만 하였삽더니 이제는 눈으로 주를 뵈옵나이다

하나님, 우리 사람들에게 오감을 주셔서 모든 감각을 통해 세상을 알게 하시니 감사드립니다.

○○가 오감을 통해 쾌락을 좇는 자가 되지 않게 하시고, 낮고 세미한 하나님의 음성도, 흐릿흐릿한 하나님의 얼굴도 알아볼 수 있는 영을 깨우쳐 주옵소서. 세상을 보는 통찰력과 하나님을 아는 지혜가 ○○의 몸 속에서 하나가 되게 하옵소서.

축복하며 예수 그리스도의 이름으로 기도합니다. 아멘.

여섯 번째 달의 기도

하나님 안에 거하면 애쓰지 않아도
내 아이의 원수(괴롭히는 이들, 악한 환경 조건)를
친히 갚아주신다고 언약하셨습니다.

1일
어디에 심겨졌는가에 따라
잎사귀와 열매가 달라집니다.

시1:3저는 시냇가에 심은 나무가 시절을 좇아 과실을 맺으며 그 잎사귀가 마르지 아니함 같으니 그 행사가 다 형통하리로다

양분 없는 땅에 심겨진 나무가 잘 자랄 수 없습니다.

○○(내 자녀의 이름)는 언제나 새로운 양분을 주시는 주님 안에 심겨지게 하옵소서. 주님께서 ○○가 내쉬는 쉼과 행하는 모든 손길 가운데 언제나 열매 맺게 하실 줄 믿습니다. ○○가 맺은 선한 열매는 많은 사람들을 살리는 열매가 되게 하옵소서.

축복하며 예수 그리스도의 이름으로 기도합니다. 아멘.

2일

수신자가 정확해야
돌아오는 응답도 정확합니다.

과녁을 향해 쏜 화살이어야 과녁을 관통하듯, 우리의 기도는 하나님께 드려져야 하늘로부터 응답이 내려옴을 믿습니다.

○○가 하고 싶은 일이 생길 때, 조건괴 환경이 맞지 않아서 포기하는 일이 없게 하시고, 어려움을 겪을 때마다 주님께 기도하게 하옵소서.

응답하시는 주의 능력이 임할 줄 믿고 축복하며 예수 그리스도의 이름으로 기도합니다. 아멘.

3일

하나님께서는 전쟁터 같은 삶에서
우리의 방패가 되어주십니다.

시3:3 여호와여 주는 나의 방패시오 나의 영광이시오 나의 머리를 드시는 자니이다

하나님께서는 우리의 방패가 되어 주십니다. 우리 생명을 위협하는 것들, 병, 사고, 화재, 자연재해 등. 무수한 일들이 세계 곳곳에서 벌어지지만, 주님께서 ○○를 보호하셔서 당신의 날개 아래 품어주시는 줄로 믿습니다.

방패가 되어주시는 주님의 강하신 팔 안에서 ○○가 안전하게 하옵소서.

축복하며 예수 그리스도의 이름으로 기도합니다. 아멘.

4일

빛이 비취는 곳의 어둠은 그림자일 뿐,
빛과 어두움은 공존할 수 없습니다.

어둠과 빛이 공존할 수 없음을 일깨워주시니 감사드립니다. 하나님과 죄악이 함께 있을 수 없으며, ○○ 안에서 주님과 죄악이 함께 있을 수 없습니다.

○○ 안에 어떤 죄악도 싹트지 못하도록 정결케 지켜 주옵소서. 주님은 선을 기뻐하시는 분이십니다. 오직 선을 행하는 ○○가 되게 하옵소서.

축복하며 예수 그리스도의 이름으로 기도합니다. 아멘.

5일

심장의 박동을 스스로 멈출 수 없습니다.
하나님께서는 그 심장까지도 감찰하고 계십니다.

시7:9 악인의 악을 끊고 의인을 세우소서 의로우신 하나님이 사람의 심장을 감찰하시나이다

하나님, ○○를 누군가 괴롭힐 때, ○○가 악을 악으로 갚지 않게 하옵소서.

○○의 마음이 나쁜 생각의 희생자가 되지 않게 하옵소서. 생각과 말을 지키게 하시고, ○○의 마음 저 깊은 곳에서부터 어떤 악도 틈타지 못하도록 지켜주옵소서.

축복하며 예수 그리스도의 이름으로 기도합니다. 아멘.

6일

알고 있느냐가 중요한 것이 아니라,
어떤 관계인가가 중요한 법입니다.

시9:10 여호와여 주의 이름을 아는 자는 주를 의지하오
리니 이는 주를 찾는 자들을 버리지 아니하심이니이다

능력의 하나님, ○○가 아는 것에 만족하지 않게
하시고, 아는 바를 행하는 ○○가 되게 하옵소서.
삶의 방식에서도 열매로 드러내는 ○○가 되게
하옵소서.

하나님을 아는 만큼 주님을 찾는 사람이 되게
하옵소서. 주님을 찾을 때면 버리지 아니하시
는 주의 손길이 임할 줄로 믿습니다.

축복하며 예수 그리스도의 이름으로 기도합
니다. 아멘.

7일

자동차의 방향을 핸들로 제어하듯,
하나님의 훈계는 우리 삶을 제어하시고
안전한 길로 인도하십니다.

시16:7 나를 훈계하신 여호와를 송축할지라 밤마다 내 심장이 나를 교훈하도다

하나님, 물이 부족하면 몸이 신호를 보내는 것처럼, ○○의 영혼이 메말라갈 때 주의 인도하심과 훈계로 갈증을 채워주옵소서. ○○의 영혼을 촉촉이 적시는 성령의 물을 내려 주옵소서.

하나님의 말씀이 ○○의 길을 인도하셔서 막힘이 없는 삶의 대로가 펼쳐지게 하옵소서.

축복하며 예수 그리스도의 이름으로 기도합니다. 아멘.

8일

우리의 말은
사람의 마음을 살리기도, 죽이기도 합니다.

시17:3 주께서 내 마음을 시험하시고 밤에 나를 권고 하시며 나를 감찰하셨으나 흠을 찾지 못하셨으니 내가 결심하고 입으로 범죄치 아니하리이다

하나님, 사도바울은 억울하게 옥에 갇힌 상황 속에서 그 입술을 사용하여 주님을 찬양하였습니다.

○○가 입술로 오직 하나님만을 찬양하게 하시고, 사람들의 생명을 살리는 축복의 말만 내뱉게 하옵소서. 속어와 비어, 욕이 난무하는 무리 속에서도 그 입술을 정결히 지키게 하옵소서.

축복하며 예수 그리스도의 이름으로 기도합니다. 아멘.

9일

우리가 원하는 것을 주시는 이유는 그것이
하나님의 마음에 맞는 것이기 때문입니다.

시20:4 네 마음의 소원대로 허락하시고 네 모든 도모를
이루시기를 원하노라

하나님, 작은 씨앗 하나가 하늘을 찌르는 거목
이 되듯, 마른 줄기 하나가 대지에 꿋꿋이 서듯,
○○가 주님께서 주시는 힘으로 굳게 서게 하옵
소서.

마음에 소원하는 모든 것들을 들어주셔서 꿈
을 이루는 ○○가 되게 하옵소서. ○○가 기도하는
것마다 하나님의 마음에 쏙 드는 기도가 되게
하옵소서.

축복하며 예수 그리스도의 이름으로 기도합
니다. 아멘.

10일

우리의 본성은
하나님께 맡겨진 존재라는 것입니다.

시22:10 내가 날 때부터 주께 맡긴바 되었고 모태에서 나올 때부터 주는 내 하나님이 되셨사오니

생명의 근원이 무릇 하나님께 있음을 고백합니다. 하나님께서 ○○를 만들어 주셨습니다.

　○○가 아침에 눈을 뜰 때부터 저녁에 잠들 때까지 주의 손길로 보호하여 주옵소서. 잠들어 있는 동안에도 ○○를 위협하는 어떤 것도 침범치 못하도록 지켜주옵소서.

　축복하며 예수 그리스도의 이름으로 기도합니다. 아멘.

11일

우리 삶의 굴곡 속에서도
하나님께서 함께 하시기에 두려움이 없습니다.

시23:4 내가 사망의 음침한 골짜기로 다닐지라도 해를 두려워하지 않을 것은 주께서 나와 함께 하심이라 주의 지팡이와 막대기가 나를 안위하시나이다

우리의 힘이 되시는 하나님,

　〇〇가 나와 처음 나들이를 나설 때, 내 손을 꼭 잡아 모든 위험 속에서 안전함을 누렸던 것처럼, 주님 안에서 안전한 삶이 되게 하옵소서.

　주님께서 지팡이와 막대기로 〇〇를 지키시고, 이끌어 주실 줄로 믿음으로 축복하며 예수 그리스도의 이름으로 기도합니다. 아멘.

12일

우리 평생의 소망은
하나님과 함께 하는 것입니다.

시27:4 내가 여호와께 청하였던 한 가지 일 곧 그것을 구하리니 곧 나로 내 생전에 여호와의 집에 거하여 여호와의 아름다움을 앙망하며 그 전에 사모하게 하실 것이라

우리 생의 목적이 하나님 안에 있음을 믿습니다.
　○○가 무엇을 이루기 위해 살기보다 하나님의 뜻에 맞는 삶을 살기 위해 애쓰게 하옵소서. 하나님께서 허락하시면 위대한 업적도 이룰 수 있사오니, 주의 뜻에 맞는 삶을 위해 더욱 주님을 사모하게 하옵소서.
　축복하며 예수 그리스도의 이름으로 기도합니다. 아멘.

13일

어두움 후에 빛이 오고, 수고한 후에 쉼이 있듯이
슬픔은 춤을 부르고, 눈물은 기쁨을 낳습니다.

시30:11 주께서 나의 슬픔을 변하여 춤이 되게 하시며
나의 베옷을 벗기고 기쁨으로 띠 띠우셨나이다

짙은 어둠 뒤에 반드시 찬란한 태양이 떠오르게
하시는 하나님, ○○가 겪는 어려움으로 홀로 누
워 눈물을 흘릴 때에 그 눈물을 닦아 주옵소서.
　○○의 눈물은 기쁨의 춤을 추는 양분이 되게
하옵소서. 하나님의 손길로 기뻐 뛸 날이 올 것
을 믿고 인내의 열매를 맛보는 ○○가 되게 하옵
소서.
　축복하며 예수 그리스도의 이름으로 기도합
니다. 아멘.

14일

자기 힘을 의지하면 때로 실수하며
무너지지만, 겸손히 하나님을 찾는 사람들에게는
값진 성과가 항상 함께 합니다.

시34:10 젊은 사자는 궁핍하여 주릴지라도 여호와를 찾는 자는 모든 좋은 것에 부족함이 없으리로다

하나님, 자기 힘만을 의지하는 독불장군은 곁에 돕는 사람 없이 홀로 실패의 길을 걷게 됩니다.

○○는 항상 겸손한 사람이 되게 하시고, 언제나 친구들과 함께 선한 결과를 얻게 하옵소서. 무엇보다 하나님께서 주시는 은혜와 힘을 찾게 하시고, 부족함이 없는 능력을 얻게 하옵소서.

축복하며 예수 그리스도의 이름으로 기도합니다. 아멘.

15일
고난은 하나님의
사랑을 받는 특별한 증거입니다.

시34:19 의인은 고난이 많으나 여호와께서 그 모든 고난에서 건지시는도다

주님, 주님께서 친히 고난과 아픔을 겪으셨기에 우리의 아픔과 고난에 더욱 위로와 평강을 주실 줄 믿습니다.

○○가 고난을 당할 때면, 의인에게 찾아오는 고난으로 받아들이게 하시고, 더욱 담대한 믿음을 갖게 하옵소서. 십자가의 죽음을 뚫고 부활하신 주님처럼, 주의 인도하심으로 고난을 뚫고 의의 길로 가게 하옵소서.

축복하며 예수 그리스도의 이름으로 기도합니다. 아멘.

16일

불평과 비난, 조소로
내 건강한 삶을 잃지 마십시오.

하나님, ○○가 다른 사람을 배우는 자세를 갖게 하옵소서. 다른 사람에게 잘 맞는 것이라 할지라도, 자신에게 맞지 않을 수도 있음을 기억하게 하셔서 만족을 누릴 줄 알게 하소서.

하나님께서 ○○에게만 허락한 삶의 복이 있음을 굳게 믿고 살아가게 하옵소서.

축복하며 예수 그리스도의 이름으로 기도합니다. 아멘.

17일

우리는 하나님을 가끔 떠올리지만,
하나님께서는 항상, 늘 우리를 생각하십니다.

시40:5 여호와 나의 하나님이여 주의 행하신 기적이 많고 우리를 향하신 주의 생각도 많도소이다 내가 들어 말하고자 하나 주의 앞에 베풀 수도 없고 그 수를 셀 수도 없나이다

○○의 오늘 오늘은 하나님께서 베푸신 은혜의 조각들이 되게 하옵소서.

나이가 들어가면서 과거를 돌아볼 때마다 하나님의 은혜의 흔적들로 감사하게 하시고, 그날의 어려움을 이겨낼 힘이 되게 하옵소서.. 선하신 하나님께서는 언제나 좋은 것을 주실 줄로 믿습니다.

축복하며 예수 그리스도의 이름으로 기도합니다. 아멘.

18일

내 마음과 나누는 대화는
절망의 순간에서 하나님을 찾게 합니다.

시42:5 내 영혼아 네가 어찌하여 낙망하며 어지하여 내 속에서 불안하여 하는고 너는 하나님을 바라라 그 얼굴의 도우심을 인하여 내가 오히려 찬송하리로다

마음의 불안은 눈이 다른 곳을 보기 때문입니다. 하나님, ○○가 잘못된 목적과 잘못된 과정에도 성공만 하면 된다는 식의 가치관에 흔들리지 않게 하옵소서. 그런 세상에서 불안할 때면, 마음속으로 하나님 보기를 갈망하게 하옵소서. 주님께서 도우실 것을 믿습니다.

축복하며 예수 그리스도의 이름으로 기도합니다. 아멘.

19일

잠잠히 하나님의 손길을
바라볼 수 있는 영안이 필요한 때입니다.

시46:10 이르시기를 너희는 가만히 있어 내가 하나님 됨을 알지어다 내가 열방과 세계 중에서 높임을 받으리라 하시도다

하나님, ○○가 스스로 해결할 수 없는 일 앞에 섰을 때, 사위가 막혀 돌파구를 찾을 수 없을 때, 하늘을 보는 사람이 되게 하옵소서.

뒷짐 지고 자기 삶에 대해 나 몰라라하는 삶이 아니라, 주님께서 역사하시는 손길을 면밀히 살피는 지혜를 주옵소서. 삶을 바르게 계획하는 ○○가 되게 하옵소서.

축복하며 예수 그리스도의 이름으로 기도합니다. 아멘.

20일

이미 너무 많은 때가 묻었다고 포기하지
마십시오. 하나님께서 새롭게 하십니다.

시51:10 하나님이여 내 속에 정한 마음을 창조하시고
내 안에 정직한 영을 새롭게 하소서

하나님, 주님께서는 다윗이 잘못을 저질렀을 때
에 포기하지 않고, 다시금 주님께 매달렸기 때
문에 그를 사랑하셨습니다.

○○가 티가 묻고, 때가 묻었나고 해시 포기하
지 않게 하옵소서. 하나님께서 새롭게 하시면
마음에 드는 사람이 될 줄로 믿습니다.

실수를 넘어 완전으로 나아가게 하실 줄 믿음
으로, 예수 그리스도의 이름으로 기도합니다.
아멘.

21일

하나님을 부인하기에 악을 행하지만,
이 또한 지혜가 없기 때문입니다.

시53:1 어리석은 자는 그 마음에 이르기를 하나님이 없다 하도다 저희는 부패하며 가증한 악을 행함이여 선을 행하는 자가 없도다

하나님, ○○가 세상을 살면서 생각이 다른 사람도 만나고, 가치관이 다른 사람과도 만나며 살아가게 될 것입니다. 많은 만남과 이야기들 속에서 선한 것과 악한 것을 분별하는 ○○가 되게 하옵소서.

하나님이 없다 하는 헛된 소리에 흔들리지 않게 하시고, 믿음 가운데 굳게 서는 ○○가 되게 하옵소서.

축복하며 예수 그리스도의 이름으로 기도합니다. 아멘.

22일

하나님을 의지하는 우리 앞에
영혼을 해치는 존재는 어디에도 없습니다.

시56:11 내가 하나님을 의지하였은즉 두려워 아니하리니 사람이 내게 어찌하리이까

두려움 없는 담대함은 하나님을 의지하는 데서 나옴을 믿습니다.

○○가 칭찬과 꾸중, 자신을 평가하는 사람들의 소리에 민감하게 반응하지 않게 하옵소서. 하나님을 의지하기에 사람들의 평가를 넘어 하나님의 인정을 받게 하시고, 하나님의 평기에 민감한 ○○가 되게 하옵소서.

민음으로 축복하며 예수 그리스도의 이름으로 기도합니다. 아멘.

23일

바람 불면 날아가 버릴 듯한 새의 둥지도
절벽과 바위 위에 붙어있으면 흔들림이 없듯이,
우리가 하나님께 붙어있다면 요동하지 않습니다.

시62:2 오직 저만 나의 반석이시오 나의 구원이시오 나의 산성이시니 내가 크게 요동치 아니하리로다

하나님, ○○가 하나님을 잡았던 손의 감촉을 오롯이 기억하게 하셔서, 날마다 매 순간마다 주님 안에 거하는 사람이 되게 하옵소서.

○○의 삶 속에 많은 것을 잃어버린 허전함을 느낄 때일지라도, 하나님을 붙잡고 있는 그 손으로 충만함을 느끼며 살게 하옵소서.

축복하며 예수 그리스도의 이름으로 기도합니다. 아멘.

24일

어머니의 등 뒤에 숨은 아이가 안전을 느끼듯,
하나님께서 우리를 감추어주십니다.

시64:2 주는 나를 숨기사 행악자의 비밀한 꾀에서와 죄
악을 짓는 자의 요란에서 벗어나게 하소서

우리를 향해 눈을 떼지 않으시는 하나님, 위협
과 위험이 많은 시대에 살고 있는 ○○를 지켜주
옵소서.

악이 점점 교묘해져서 ○○의 영혼을 파괴히러
할 때면, ○○를 하나님 등 뒤에 숨겨주셔서 거룩
하게 하옵소서. 눈에 보이는 것에 현혹되지 않
게 하시고, 하나님 안에만 거하게 하옵소서.

축복하며 예수 그리스도의 이름으로 기도합
니다. 아멘.

25일

주님의 오실 길을 예비하는 길은
주님 앞에서 뛰어노는 그 자체입니다.

시68:4 하나님께 노래하며 그 이름을 찬양하라 타고 광
야에 행하시던 자를 위하여 대로를 수축하라 그 이름
은 여호와시니 그 앞에서 뛰놀지어다

하나님, ○○가 주님 앞에서 자유롭게 뛰노는 사람이 되게 하옵소서. 부모 앞에서 자유롭게 능력을 발휘하듯, 주님 앞에서라면 모든 재능을 발휘할 수 있음을 믿습니다.

○○가 하나님 앞에서 하나님께서 주신 모든 능력을 마음껏 발휘하며 이 땅에 꼭 필요한 존재가 되게 하옵소서.

축복하며 예수 그리스도의 이름으로 기도합니다. 아멘.

<h1 align="center">26일</h1>

우리가 하나님을 찬양하기 전부터
하나님께서 우리를 붙들어 주셨습니다.

시71:7 내가 모태에서부터 주의 붙드신 바 되었으며 내
어미 배에서 주의 취하여 내신바 되었사오니 나는 항
상 주를 찬송하리이다

주님께서 먼저 ○○에게 찾아오시니 감사드립니
다. ○○가 태어나기 전부터 ○○ 인생에 필요한
모든 것을 예비해주시고, 때에 따라 그 길을 인
도해 주시니 감사드립니다.

　○○의 입술을 주장하여 주시이 오직 그 입술
에 생명을 살리는 말들만 채워주시고, 하나님을
찬양하는 입술이 되게 하옵소서.

　축복하며 예수 그리스도의 이름으로 기도합
니다. 아멘.

27일

아무 힘이 없을 때 사람들은 멀리하지만,
하나님께서는 모든 힘을 소진한
그때 더욱 가까이 다가오십니다.

시71:18 하나님이여 내가 늙어 백수가 될 때에도 나를 버리지 마시며 내가 주의 힘을 후대에 전하고 주의 능을 장래 모든 사람에게 전하기까지 나를 버리지 마소서

하나님, 내가 늙어 힘이 없을 때에도 ○○에게 힘이 되고, 자랑이 되는 부모가 되길 원합니다. 또한 ○○가 눈물이 솟구칠 때 주님을 기억하게 하시고, 실망과 절망으로 뒤척이는 밤에도 주님을 기억하게 하옵소서.

주님께서 ○○를 통해 주의 능력과 이름을 모든 이들에게 드러내 주옵소서.

축복하며 예수 그리스도의 이름으로 기도합니다. 아멘.

28일

하나님을 향한 약속은
반드시 지켜져야만 합니다. 반드시!

시76:11 너희는 여호와 너희 하나님께 서원하고 갚으라 사방에 있는 모든 자도 마땅히 경외할 이에게 예물을 드릴지로다

주님, 우리가 드리는 기도를 들으시되, 우리 상황과 처지를 알고 계시니 감사드립니다. 생명까지도 내어놓으신 주님께서 우리가 드리는 예물 안에 담긴 힘겨움을 아실 줄로 믿습니다.

　○○가 주님께 드리는 시간, 예물 안에 담긴 ○○의 고뇌를 기억하셔서서 좋은 것으로 갚아주옵소서.

　축복하며 예수 그리스도의 이름으로 기도합니다. 아멘.

29일

마침내 하나님을 섬기는 자들로
온 세상이 가득 채워질 것입니다.

시82:8 하나님이여 일어나사 세상을 판단하소서 모든 열방이 주의 기업이 되겠음이니이다

하나님께서는 세상 곳곳을 살피시는 분이십니다. 세계 곳곳에서 펼쳐지는 일들을 관리하시는 주님, ○○의 삶도 하나님의 관심 안에 있음을 믿습니다.

○○가 하나님의 기업이 되듯, 모든 열방이 주님을 찬양할 것입니다. 세상의 흐름 속에서 ○○가 어디에 서고, 어떻게 살아가야할지를 날마다 알려주옵소서.

축복하며 예수 그리스도의 이름으로 기도합니다. 아멘.

30일

우리 삶의 가장 큰 복은
주님께 힘을 얻는 것입니다.

시84:5 주께 힘을 얻고 그 마음에 시온의 대로가 있는
자는 복이 있나이다

나의 하나님, ○○가 하루하루 자라면서 근육에
힘이 붙고, 생각하는 힘도 더하게 하옵소서. 이
모든 힘이 하나님께로부터 오는 것임을 기억하
게 하시고, 그렇게 ○○가 하나님의 능력을 의지
할 때, 앞길이 열리는 은혜와 복을 주옵소서.
　○○의 마음이 하늘까지 닿아 마침내 하나님
과 늘 동행하게 하옵소서.
　축복하며 예수 그리스도의 이름으로 기도합
니다. 아멘.

31일

하나님의 화평의 말씀을 듣고자 한다면,
망령된 길에서 돌이켜야 합니다.

시85:8 내가 하나님 여호와의 하실 말씀을 들으리니 대저 그 백성, 그 성도에게 화평을 말씀하실 것이라 저희는 다시 망령된 데로 돌아가지 말지로다

하나님, ○○가 잘못된 길을 가고 있음에도 '괜찮다' 하는 소리에는 귀 닫게 하옵소서. 주의 말씀은 잘못에 대해서는 단호하시고, 회개하고 돌이키는 자에게는 한없이 은혜로운 말씀이기 때문입니다.

길을 돌이켜 하나님의 말씀을 듣는 ○○ 가 되게 하실 줄 믿고, 축복하며 예수 그리스도의 이름으로 기도합니다. 아멘

일곱 번째 달의 기도

하나님께서 내 아이가 그릇된 길로 갈 때면
언제나 돌이킬 수 있도록
일깨워주신다고 언약하셨습니다.

1일

하나님께서 우리에게 훈장을
붙여주셔서, 악인을 부끄럽게 하십니다.

시86:17 은총의 표징을 내게 보이소서 그러면 나를 미워하는 저희가 보고 부끄러워 하오리니 여호와여 주는 나를 돕고 위로하심이니이다

하나님, 하나님의 은혜의 표징을 구하는 우리에게 믿음의 훈장을 수여해 주옵소서.

○○(내 자녀의 이름)가 신실히 주님을 따를 때, 어리석은 자들이 조롱하거나 훼방하지 않도록 주님께서 지켜주옵소서. 선하게 살아가는 ○○가 주의 빛을 발하게 하시고, 어둠을 밝히는 믿음의 사람이 되게 하옵소서.

축복하며 예수 그리스도의 이름으로 기도합니다. 아멘.

2일

쏜살같이 지나가는 시간 속에서
우리의 자랑은 오직 하나님이 되십니다.

시90:10 우리의 연수가 칠십이요 강건하면 팔십이라도 그 연수의 자랑은 수고와 슬픔뿐이요 신속히 가니 우리가 날아가나이다

하나님, 모든 인생을 죽음 앞에 서게 하시니 감사드립니다.

○○가 유한한 존재임을 기억히게 하셔서 겸손하게 하시고, ○○의 자랑은 오직 주님이 되게 하옵소서. ○○가 주님께서 허락하신 연수를 모두 누리게 하시고, 우발적 사건과 사고로 인해 생명을 잃지 않도록 보호하여 주옵소서.

축복하며 예수 그리스도의 이름으로 기도합니다. 아멘.

3일

하나님께서 창조하셨기에 우리
기도를 들으시고, 우리 삶을 지켜보십니다.

우리의 소리에 귀 기울이시는 하나님, 부모인
제가 ○○를 살피듯, ○○의 삶을 살펴주시니 감사
드립니다.

○○가 스스로 감당할 수 없는 일 앞에 서게 될
때 주의 도우심을 구하게 하시고, 불가능해 보이
는 일을 이루었을 때 주께 감사하게 하옵소서.

부모보다 더 ○○를 잘 아시기에 의탁하오니,
축복하며 예수 그리스도의 이름으로 기도합니
다. 아멘.

4일

주의 인자하심이 영원하다는 것,
우리의 힘겨운 상황 속에서 참된 힘이 됩니다.

시100:5 대저 여호와는 선하시니 그 인자하심이 영원하고 그 성실하심이 대대에 미치리로다

하나님, 사람도 변하고, 모든 환경과 조건이 때에 따라서 변하지만, 주님은 변치 아니하시는 줄로 믿습니다.

변하지 않으시는 주님의 인자하심과 성실하심이 ○○의 삶 전체에 임하게 하옵소서. ○○의 믿음의 항해 중에서 주님께서 바른 길로 인도하실 줄 믿습니다.

축복하며 예수 그리스도의 이름으로 기도합니다. 아멘.

5일

기계에 문제가 있으면 설계자에게 찾아가면
됩니다. 주님께서 우리를 만드셨기에,
우리 삶의 문제는 주님을 찾으면 됩니다.

시103:14 이는 저가 우리의 체질을 아시며 우리가 진토
임을 기억하심이로다

우리를 만드신 하나님, 새로 산 기계가 문제가
있으면 AS기사를 부르면 해결이 되듯, 우리 삶
의 문제 앞에서 주님을 찾으면 해결해 주실 줄
로 믿습니다.

○○가 자신의 인생을 스스로 경영하기 전에
창조하신 하나님께 인생의 목적을 묻게 하옵소
서. 목적에 부합한 삶을 살게 하옵소서.

축복하며 예수 그리스도의 이름으로 기도합
니다. 아멘.

6일

바다를 항해하는 배는
결국 항구로 돌아와야만 합니다.

시107:30 저희가 평온함을 인하여 기뻐하는 중에 여호
와께서 저희를 소원의 항구로 인도하시는도다

하나님, ○○가 인생이라는 긴 항해를 하는 동안
주님께서 지켜주시고, ○○의 소원이 닿아있는
항구로 안전하게 이끌어 주옵소서.

긴 세월을 보내면서 배우고 익히는 모든 것이
유익하게 하옵소서.

축복하며 예수 그리스도의 이름으로 기도합
니다. 아멘.

7일

쓸모없다 여기는 것도
하나님의 손 안에서는 빛나는 보석이 됩니다.

시118:22~23 건축자의 버린 돌이 집 모퉁이의 머릿돌이 되었나니 이는 여호와의 행하신 것이요 우리 눈에 기이한 바로다

하나님, ○○가 자신을 보며, 잘 할 수 있는 일이 없다고 여기지 않게 하옵소서.

지금 잘 할 수 있는 것이 눈에 보이지 않는다 할지라도, 주님의 손 안에서 빛나는 재능을 발휘할 수 있음을 믿게 하시고, 어떤 것이 ○○의 재능인지 일깨워주옵소서.

축복하며 예수 그리스도의 이름으로 기도합니다. 아멘.

8일

우리가 두려워하는 것은
우리를 훼방하는 어떤 것이 아니라,
하나님으로부터 떠나는 것이어야 합니다.

시119:39 나의 두려워하는 훼방을 내게서 떠나게 하소서 주의 규례는 선하심이니이다

선하신 하나님, ○○가 배우고 익히는 중에 진리를 깨닫게 하옵소서.

○○의 길을 방해하는 일들이 생기지 않게 하옵소서. 힘겨워 포기하는 삶이 되지 않게 지켜 주시고, 모르던 것을 깨달아 알아가는 재미를 느끼게 하옵소서.

축복하며 예수 그리스도의 이름으로 기도합니다. 아멘.

9일

우리의 들어옴과 나옴도
주님의 보호 아래 있습니다.

시121:8 여호와께서 너의 출입을 지금부터 영원까지 지키시리로다

하나님, ○○의 출입을 지켜주옵소서. 혹 병이 들어왔다면, 크게 해치지 않고 몸 밖으로 나가게 하옵소서.

○○가 걷는 걸음들도 지켜 주셔서 어디를 가든 갈 때도 안전하게 하시고, 돌아올 때에도 안전하게 하옵소서.

영원히 지켜주시는 주님을 의지하며 축복하여 예수 그리스도의 이름으로 기도합니다. 아멘.

10일

우리가 뿌리는 씨앗은
결코 헛된 것이 없습니다.

시126:5 눈물을 흘리며 씨를 뿌리는 자는 기쁨으로 거두리로다

주님, 믿음은 눈물로 뿌리는 씨앗과 같음을 깨닫습니다.

○○가 믿음의 걸음 속에서 흘리는 눈물, 선을 심기 위해 흘리는 땀방울로 기쁨과 환희의 열매가 맺히게 하옵소서. 오늘 심은 선이 결코 헛되지 않음을 믿기에 선한 길음에 최선을 다하는 ○○가 되게 하옵소서.

믿음으로 축복하며 예수 그리스도의 이름으로 기도합니다. 아멘.

11일

안전을 보장하기 위해 많은 노력을 하지만,
하나님께서 지켜주실 때에야 참으로 안전합니다.

시127:1 여호와께서 집을 세우지 아니하시면 세우는 자
의 수고가 헛되며 여호와께서 성을 지키지 아니하시면
파숫군의 경성함이 허사로다

하나님, ○○의 모든 노력이 허사가 되지 않게 하
옵소서.

○○가 공부하는 것도, 일을 하는 것도, 친구와
사귐을 갖는 것도, 미래를 준비하며 행하는 모
든 일에 주님이 함께 하옵소서.

주께서 세우시고 지켜주실 때에 모든 것이 가
치와 의미가 있음을 믿사오며, 축복하며 예수
그리스도의 이름으로 기도합니다. 아멘.

12일

더불어 함께 살아가는 삶처럼
행복한 삶은 없습니다.

시133:1 형제가 연합하여 동거함이 어찌 그리 선하고
아름다운고

하나님, ○○가 공동체의 중요성을 망각하지 않게 하옵소서. 함께 함이 아름답기 때문입니다.

○○가 어느 곳에 있든 소통과 나눔에 능한 자가 되게 하시고, 논쟁과 분란 속에서도 공동체를 지켜내는 ○○가 되게 하옵소서.

축복하며 예수 그리스도의 이름으로 기도합니다. 아멘.

13일
우리 지식의 끝에는
언제나 하나님이 계십니다.

시140:12 내가 알거니와 여호와는 고난 당하는 자를 신원하시며 궁핍한 자에게 공의를 베푸시리이다

하나님, 우리 인생의 경험들이 주의 진리에 다다르게 하옵소서.

OO가 친구들에게 하나님의 선하심을 증거하게 하시고, 주님의 공의와 가난한 자와 고난 당하는 자를 외면하지 않으시는 주님의 사랑을 전하게 하옵소서. 전하기 위해 OO가 주의 손길을 직접 체험하게 하옵소서.

축복하며 예수 그리스도의 이름으로 기도합니다. 아멘.

14일

내일 아침을 기대하는 건,
오늘 주님께서 도우셨기 때문입니다.

시143:8 아침에 나로 주의 인자한 말씀을 듣게 하소서 내가 주를 의뢰함이니이다 나의 다닐 길을 알게 하소서 내가 내 영혼을 주께 받듦이니이다

도우시는 하나님, ○○가 잠드는 밤마다 내일 아침을 기대하게 하옵소서.

오늘 주께서 주신 도우심 때문에 내일 벌어질 주의 은혜를 기대하게 하시고, 소풍을 앞둔 전날 밤의 즐거움처럼, 그렇게 주님으로 인해 날마다 즐거움을 누리게 하옵소서.

○○의 다닐 길을 인도하실 줄로 믿고, 축복하며 예수 그리스도의 이름으로 기도합니다. 아멘.

15일

우리에게 주시는 지혜는
삶의 혜안을 위함입니다.

잠2:20 지혜가 너로 선한 자의 길로 행하게 하며 또 의인의 길을 지키게 하리니

하나님께서 우리에게 다섯 가지 미각을 주신 이유는, 인생에 있어 모든 맛이 필요함을 일깨워 주시기 위함입니다.

○○가 인생의 쓴맛을 보는 순간에도 주님께서 주시는 삶의 통찰과 지혜로 의의 길에서 어긋나지 않도록, 선을 포기하지 않도록 하옵소서.

믿음으로 축복하며 예수 그리스도의 이름으로 기도합니다. 아멘.

16일

뿌리를 박으면,
흔들리더라도 떠내려가지 않습니다.

잠3:6 너는 범사에 그를 인정하라 그리하면 네 길을 지
도하시리라

하나님, 뿌리가 깊은 나무가 바람에 흔들릴지라
도 떠내려가지 않듯이, ○○가 오직 하나님께 깊
이 뿌리내리게 하옵소서.

모든 일에 주님을 인정하게 하시고, 직접 지
도하시는 주님의 은혜를 누리게 하옵소서. 잊
을 수 없는 주님의 가르침으로 건강한 삶을 살
게 하옵소서.

축복하며 예수 그리스도의 이름으로 기도합
니다. 아멘.

17일
주님을 기대하는 우리 마음이
우리 생명을 지켜줍니다.

잠4:23 무릇 지킬만한 것보다 더욱 네 마음을 지키라 생명의 근원이 이에서 남이니라

오 주님, 주님의 선하심을 의지합니다.

○○가 어떤 상황 앞에서도 흔들리지 않는 마음을 갖게 하옵소서. ○○의 건강도, 행복한 삶도 ○○가 품은 마음에서 출발하기 때문입니다. 원하건대, 주님의 뜻이 ○○의 행복에 있음을 잊지 않게 하셔서 주의 도우심을 기대하게 하옵소서.

축복하며 예수 그리스도의 이름으로 기도합니다. 아멘.

18일

자신의 삶에 대해 돌아보지 않는 모든 이는
분주할지라도 게으르다는 평가를
피할 수 없습니다.

잠6:10~11 좀더 자자, 좀더 졸자, 손을 모으고 좀더 눕자 하면 네 빈궁이 강도같이 오며 네 곤핍이 군사 같이 이르리라

주님, ○○가 분주한 사람이 아니라 부지런한 사람이 되게 하옵소서.

분주히 움직이면서 삶을 돌아보는 시간조차 없는 삶이 아니라, 부지런하기에 여유도, 삶을 돌아보는 지혜도 갖게 하옵소서.

돌아볼 때마다 주님을 만나게 하실 줄 믿음으로 축복하며 예수 그리스도의 이름으로 기도합니다. 아멘.

19일

우리의 간절함이
기적을 낳습니다.

하나님, 사랑하기에 떠난다는 말로 우리를 현혹하지만, 주님은 사랑하시기 때문에 결코 떠나지 아니하심을 믿습니다.

OO가 주님을 찾을 때면, 호흡할 때마다 산소를 마시듯, 그렇게 주님을 만나게 하옵소서. 주님을 만나는 일이 더 이상 기적이 되지 않게 하시고, 일상이 되게 하옵소서.

축복하며 예수 그리스도의 이름으로 기도합니다. 아멘.

20일

우리의 기억을 재구성해서
삶을 변화시킵시다.

잠11:3 정직한 자의 성실은 자기를 인도하거니와 사특한 자의 패역은 자기를 망케 하느니라

주님, ○○가 정직하고 성실하게 일하였을 때, 얻게 되는 선한 열매를 잊지 않게 하옵소서.

선한 의지와 행동의 결과가 모두에게 덕이 되는 기억이 ○○의 삶에서 떠나지 않게 하셔서 기억에 남은 대로 정직하게 살아가게 하옵소서.

축복하며 예수 그리스도의 이름으로 기도합니다. 아멘.

교만하기에
입방정을 떨게 되는 것입니다.

잠14:3 미련한 자는 교만하여 입으로 매를 자청하고 지혜로운 자는 입술로 스스로 보전하느니라

하나님, 말의 실수는 교만하기 때문에 벌어지는 것임을 고백합니다.

○○가 말하기 전에, 이 말의 파장이 어디까지 갈지를 한순간에 파악하는 지혜가 있게 하옵소서. 무엇보다 겸손하게 모든 말 앞에서 신중하게 하옵소서.

축복하며 예수 그리스도의 이름으로 기도합니다. 아멘.

22일

우리 삶에 화를 발하여 얻게 되는 것은
몇 푼의 돈과 무너진 인격입니다.

잠15:18 분을 쉽게 내는 자는 다툼을 일으켜도 노하기
를 더디 하는 자는 시비를 그치게 하느니라

오 주님, 조금의 불편도 참지 못하는 시대 속에
서 ○○는 화를 발하기 보다는 더디하여 문제를
해결하는 사람이 되게 하옵소서.

분노를 삭이는 것을 넘어 갈등을 해소하고,
진정한 해결과 화해를 이루는 ○○가 되게 하옵
소서.

축복하며 예수 그리스도의 이름으로 기도합
니다. 아멘.

23일

치밀한 계획을 세웠을지라도 어그러지는
이유는 하나님의 역사만 이루어지기 때문입니다.

잠16:9 사람이 마음으로 자기의 길을 계획할지라도 그
걸음을 인도하는 자는 여호와시니라

처음과 나중이 되시는 하나님, 하나님께서 이끄
시는 길만 바르게 이루어지는 줄로 믿습니다.

　○○가 스스로 삶을 계획하는 순간에도 계획대
로 되지 않을 수도 있음을 알게 하시고, 그러므
로 더욱 겸손히 주님을 찾는 사람이 되게 하옵
소서. 걸음 걸음마다 이끄시는 주님을 의지합
니다.

　축복하며 예수 그리스도의 이름으로 기도합
니다. 아멘.

24일

가난한 자를 돕는 우리는 하나님께
받을 것이 있는 채권자의 지위를 갖게 합니다.

잠19:17 가난한 자를 불쌍히 여기는 것은 여호와께 꾸이는 것이니 그 선행을 갚아 주시리라

하나님, ○○가 가난한 이들의 아픔을 외면하지 않고 돕는 자가 되게 하옵소서. 돌봄으로 주님의 도우심을 바라는 ○○가 되게 하옵소서.

○○의 신힌 미음과 행동에 더 좋은 것으로 갚아주실 줄로 믿습니다.

축복하며 예수 그리스도의 이름으로 기도합니다. 아멘.

25일

우리를 사랑하시는 주님은 우리 손에
피가 묻지 않도록 직접 해결해주십니다.

잠20:22 너는 악을 갚겠다 말하지 말고 여호와를 기다
리라 그가 너를 구원하시리라

오른 뺨을 맞으면 왼 뺨까지도 대라고 가르쳐주
신 주님, ○○가 억울함을 당할 때에도 직접 해결
하려 하기 전에 주의 도우심을 구하는 자가 되
게 하옵소서.

스스로 갚고자 할 때 겪는 모든 스트레스로부
터 자유롭도록 주께 맡기는 지혜를 주옵소서.

축복하며 예수 그리스도의 이름으로 기도합
니다. 아멘.

26일

얼마나 갖고 있느냐가 아니라
어떤 사람이었는가가 평가의 기준이 됩니다.

잠22:1 많은 재물보다 명예를 택할 것이요 은이나 금보다 은총을 더욱 택할 것이니라

하나님, ○○가 명예와 재물 중에서 명예를 택하는 사람이 되게 하옵소서.

○○의 인생은 얼마나 가졌는가가 아니라 어떤 사람인가로 평가받게 하시고, ○○의 인격과 성품이 모든 이들의 칭찬과 존경을 얻게 하옵소서.

축복하며 예수 그리스도의 이름으로 기도합니다. 아멘.

27일
우리가 자랑하는 것들은
한 순간에 무너질 수도 있는 것들입니다.

잠27:1 너는 내일 일을 자랑하지 말라 하루 동안에 무슨 일이 날는지 네가 알 수 없음이니라

내일을 창조하신 하나님, ○○의 오늘과 미래도 책임져 주실 줄로 믿습니다.

○○가 오늘의 성취를 자랑하기 전에 감사하게 하옵소서. ○○의 오늘 밤을 지켜주셔서 생명을 보존하게 하시고, 찬란한 내일을 맛보게 하옵소서.

축복하며 예수 그리스도의 이름으로 기도합니다. 아멘.

28일

균형 잡힌 삶은
우리 삶의 행복의 기준입니다.

잠30:8 곧 허탄과 거짓말을 내게서 멀리 하옵시며 나로 가난하게도 마옵시고 부하게도 마옵시고 오직 필요한 양식으로 내게 먹이시옵소서

하나님, 새가 좌우의 날개를 가지고 날 듯, 어둠과 밝음이 교차하듯, 우리 삶에는 균형이 필요합니다.

○○가 너무 많이 가져서 유혹에 빠지지 않게 하시고, 너무 부족하여 힘들어하지 않게 하옵소서. 주님 가르쳐주신 기도대로 일용할 양식 속에 감사와 행복을 누리는 삶을 살게 하옵소서.

축복하며 예수 그리스도의 이름으로 기도합니다. 아멘.

29일

때가 있기에 우리의 긴장과
이완이 유지되는 것입니다.

전3:1 천하게 범사가 기한이 있고 모든 목적이 이룰 때
가 있나니

시간을 창조하신 하나님, 시간 앞에서 모든 영
혼을 겸손하게 하시니 감사드립니다.

○○가 목적한 바를 이루는 시간이 더디다 하
여 조급해 하지 않게 하시고, 주님의 때에, ○○에
게 가장 좋은 때에 이루어질 줄로 믿습니다.

축복하며 예수 그리스도의 이름으로 기도합
니다. 아멘.

30일

함께 할 때 두려움이 없는 건,
연합의 힘이 성공의 핵심이기 때문입니다.

전4:12 한 사람이면 패하겠거니와 두 사람이면 능히 당하나니 삼겹 줄은 쉽게 끊어지지 아니하느니라

하나님, 너무나도 당연한 진리를 외면하지 않게 하옵소서. 하나보다는 둘이, 둘보다는 셋이 꺾기 어렵다는 진리를 ○○가 삶에서 적용하게 하옵소서.

공동 작업을 할 때에도 함께 하는 것이 더 큰 힘이 된다는 것을 잊지 않고 좋은 결실을 내게 하옵소서.

축복하며 예수 그리스도의 이름으로 기도합니다. 아멘.

31일
주님께 서원한 것을 갚지 않는 것이
우매하다는 증거입니다.

하나님, ○○가 해야할 바를 뒤로 미루면 나중에 더 큰 부담으로 다가온다는 사실을 잊지 않게 하옵소서.

주님께 약속한 것은 그 자리에서 시행하게 하시고, 그것이 주님이 기뻐하시는 삶의 방식임을 기억하게 하옵소서.

축복하며 예수 그리스도의 이름으로 기도합니다. 아멘.

여덟 번째 달의 기도

하나님께서는 내 아이의 실수 속에서도
돌이켜 주의 능력을 덧입을
길을 열어주신다고 언약하셨습니다.

1일

우리 인생의 형통함과 곤고함은
하나님을 떠올리게 하는 자극이 됩니다.

전7:14 형통한 날에는 기뻐하고 곤고한 날에는 생각하라 하나님이 이 두가지를 병행하게 하사 사람으로 그 장래 일을 능히 헤아려 알지 못하게 하셨느니라

우리를 너무도 잘 아시는 하나님, ○○(내 자녀의 이름)가 일이 잘 되었을 때에는 주님 앞에서 기뻐하고, 문제를 만날 때에는 하나님을 생각하게 하옵소서. 이 두 가지를 통해 삶을 이끄시는 주님의 뜻을 날마다 깨달으며 살아가게 하옵소서.

부모의 마음으로 구하오니, 형통함이 언제나 ○○ 앞에 있게 하옵소서.

축복하며 예수 그리스도의 이름으로 기도합니다. 아멘.

2일

모든 인생에 주신 삶의 캔버스는
백지상태입니다. 그러니 생의 평가는
그림을 그린 내게 책임이 있습니다.

전11:9 청년이여 네 어린 때를 즐거워하며 네 청년의 날
을 마음에 기뻐하여 마음에 원하는 길과 네 눈이 보는
대로 좇아 행하라 그러나 하나님이 이 모든 일로 인하
여 너를 심판하실 줄 알라

하나님, ○○의 인생을 백지상태의 캔버스로 주
시니 감사드립니다.

이제 ○○가 자라면서 삶을 그려나갈 터인데,
원하건대 하나님의 좋은 평가를 받는 인생이 되
게 하옵소서. 때로는 ○○가 예상하지 못한 아름
다움도 경험하게 하시고, 아름다운 결과를 낳는
삶이 되게 하옵소서.

믿음으로 축복하며 예수 그리스도의 이름으
로 기도합니다. 아멘.

3일

하나님을 기억해야 하는 때는
내일이 아니라 오늘입니다.

전12:1 너는 청년의 때 곧 곤고한 날이 이르기 전, 나는 아무 낙이 없다고 할 해가 가깝기 전에 너의 창조자를 기억하라

시간을 창조하신 하나님, ○○가 젊음의 기쁨을 충분히 누리게 하옵소서. 젊음의 가능성을 충분히 발휘하게 하옵소서. 자유로운 영혼이 되게 하시되, 언제나 오늘, 오늘 창조주 되시는 하나님을 기억하는 ○○가 되게 하옵소서.

무한한 가능성이 현실로 나타나는 ○○의 젊음이 되게 하실 줄 믿음으로 축복하며 예수 그리스도의 이름으로 기도합니다. 아멘.

4일

주님이 오심을 간절히 원하는
이에게 주님은 달려오십니다.

아2:8 나의 사랑하는 자의 목소리로구나 보라 그가 산에서 달리고 작은 산을 빨리 넘어 오는구나

주님을 간절히 기다리는 자에게 주님이 오십니다.

○○가 적절한 때에 사랑을 알게 하시고, 사랑을 하게 하옵소서. 사랑을 하며 느끼는 그 간절함으로 하나님을 더욱 사랑하는 ○○가 되게 하옵소서. 사랑하는 이의 한 마디에 기쁨이 가득해지듯, 주의 말씀 한 마디만으로도 기뻐하는 ○○가 되게 하옵소서.

예수 그리스도의 이름으로 기도합니다. 아멘.

사랑은 둘을 하나가 되게 합니다.
하나님을 사랑하는 우리와
우리를 사랑하시는 하나님이 하나가 되었습니다.

아6:3 나는 나의 사랑하는 자에게 속하였고 나의 사랑하는 자는 내게 속하였다 그가 백합화 가운데서 그 양 떼를 먹이는구나

사랑의 하나님, 주님을 사랑함이 우리 삶의 기쁨이 되게 하옵소서. 사랑하기에 서로 연합하여 하나가 되는 것처럼, 하나님을 사랑하므로 ○○가 하나님과 연합하게 하옵소서.

더불어 ○○를 사랑하시는 하나님께서 세밀하게 도우셔서, 이 세상 속에서 기쁨과 복락을 누리는 ○○가 되게 하옵소서.

축복하며 예수 그리스도의 이름으로 기도합니다. 아멘.

6일

캔버스에 그림을 잘못 그렸을 때에는 지우는 것이 아니라 흰색으로 덧칠하듯, 주님께서는 우리 인생의 잘못도 하얗게 덧칠해 주십니다.

사1:18 여호와께서 말씀하시되 오라 우리가 서로 변론하자 너희 죄가 주홍 같을지라도 눈과 같이 희어질 것이요 진홍 같이 붉을지라도 양털 같이 되리라

하나님, ○○가 뜻한 대로 인생이 풀리지 않는다고 생각될 때, 실수와 오류로 관계가 틀어졌을 때, 첫 단추부터 잘못 꿰어졌다고 여길 때, 그 순간 포기하지 않게 하옵소서.

주홍 같을지라도 눈처럼 희게 하실 주님의 은혜를 기대하며, 다시 시작하는 용기와 지혜를 주옵소서.

믿음으로 축복하며 예수 그리스도의 이름으로 기도합니다. 아멘.

7일

아닌 것을 아니다라고
말할 수 있는 용기가 우리에게 필요합니다.

사5:20 악을 선하다 하며 선을 악하다 하며 흑암으로 광명을 삼으며 광명으로 흑암을 삼으며 쓴 것으로 단 것을 삼으며 단 것으로 쓴 것을 삼는 그들은 화 있을진저

거짓과 꾸밈이 난무한 세상, ○○가 영의 귀와 육의 귀를 열게 하셔서 참된 것과 바른 것을 구분하게 하옵소서.

아닌 것을 아니다라고 말할 수 있는 용기가 ○○에게 있게 하옵소서. 주님은 정직을 원하시기 때문입니다.

믿음으로 축복하며 예수 그리스도의 이름으로 기도합니다. 아멘.

8일

우리 인생에 대해
주님께서 우리보다 더 열심을 내십니다.

사9:7 그 정사와 평강의 더함이 무궁하며 또 다윗의 위에 앉아서 그 나라를 굳게 세우고 지금 이후 영원토록 공평과 정의로 그것을 보존하실 것이라 만군의 여호와의 열심히 이를 이루시리라

하나님, ○○의 미래에 대해 ○○보다 부모의 관심이 더 큰 것처럼, 주께서 ○○의 밝은 미래를 위해 열심을 내주실 것을 믿습니다.

주님의 열심이 ○○에게 전해져서 ○○도 자신의 인생에 대해 책임 있는 존재가 되게 하옵소서.

축복하며 예수 그리스도의 이름으로 기도합니다. 아멘.

9일

왜 이렇게 낳았냐고 OO가 부모에게
항변할 수 없듯, 하나님께 따질 일이 아니라,
그분의 뜻을 따르는 삶이어야 합니다.

사10:15 도끼가 어찌 찍는 자에게 스스로 자랑하겠으며
톱이 어찌 켜는 자에게 스스로 큰 체 하겠느냐 이는 막
대기가 자기를 드는 자를 움직이려 하며 몽둥이가 나
무 아닌 사람을 들려 함과 일반이로다

하나님, OO가 다른 사람과 비교하여 스스로를
비천하게 여기지 않게 하옵소서.
주어진 현실에 대해 불평하는 삶이 아니라,
현실을 바꾸어가는 지혜의 사람이 되게 하옵
소서.
믿음으로 축복하며 예수 그리스도의 이름으
로 기도합니다. 아멘.

<h1 style="text-align:center">10일</h1>

주님의 은혜가 위에서부터 내려오는 이유는
그래야 우리 몸 전체를 적실 수 있기
때문입니다.

사11:2 여호와의 신 곧 지혜와 총명의 신이요 모략과 재능의 신이요 지식과 여호와를 경외하는 신이 그 위에 강림하시리니

주님, 위에서부터 아래로 흘러 내려가는 것이 창조세계의 질서이듯, 주님께서 주시는 은혜, 지혜도 하늘로부터 내리옴을 믿습니다.

○○의 머리 위에 주님께서 강림하셔서 ○○의 삶을 직접 다스리시고, ○○는 머리의 명령을 따르는 손과 발이 되게 하옵소서.

축복하며 예수 그리스도의 이름으로 기도합니다. 아멘.

11일

주님을 바라볼 날이
우리에게 반드시 존재합니다.

사17:7 그 날에 사람이 자기를 지으신 자를 쳐다보겠으며 그 눈이 이스라엘의 거룩하신 자를 바라보겠고

하나님, 갑자기 어둠이 찾아올 때 잠잠히 기다려 시간이 흐르고 나면 조금씩 사물이 보이듯, 주님을 바라보는 OO가 되게 하옵소서.

갑작스레 찾아오는 고난 앞에서 잠시 기다릴 수 있는 지혜를 주시고, 마침내 주님을 발견하는 OO가 되게 하옵소서.

축복하며 예수 그리스도의 이름으로 기도합니다. 아멘.

12일

열쇠는 잠그기 위해서 필요한 것입니다.

사22:22 내가 또 다윗 집의 열쇠를 그의 어깨에 두리니 그가 열면 닫을 자가 없겠고 닫으면 열 자가 없으리라

주님, ○○에게 마음의 열쇠를 주셔서 악에 대해서는 굳게 잠그게 하시고, 하나님과 사람들에 대해서는 언제나 활짝 여는 자가 되게 하옵소서.

마음의 벽에 갇혀 외로이 인생을 사는 ○○가 아니라, ○○를 돕는 이들이 늘 곁에 있게 하옵소서.

축복하며 예수 그리스도의 이름으로 기도합니다. 아멘.

13일

우리의 긴 기다림 끝에는
희망이 자리잡고 있습니다.

사25:9 그 날에 말하기를 이는 우리의 하나님이시라 우
리가 그를 기다렸으니 그가 우리를 구원하시리로다 이
는 여호와시라 우리가 그를 기다렸으니 우리는 그 구
원을 기뻐하며 즐거워하리라 할 것이며

응답하시는 하나님, ○○의 기다림 끝에 언제나
만남이, 희망이 있게 하옵소서.
　기다리는 성공도, 사랑도, 행복도 너무 늦지
않게 조우하게 하시고, 그로인해 하나님께 더욱
감사하는 사람이 되게 하옵소서. 무엇보다 주
님을 찾고, 기다릴 때에 응답하여주옵소서.
　축복하며 예수 그리스도의 이름으로 기도합
니다. 아멘.

14일

정직한 자의 발걸음을
주님께서 평탄한 길로 이끌어 주십니다.

사26:7 의인의 길은 정직함이여 정직하신 주께서 의인의 첩경을 평탄케 하시도다

주님, 뜨거운 열이 물체를 날게 하듯이, 성령의 불길로 ○○가 이 세상에 아름다운 비행을 하게 하옵소서.

속임수를 꿰뚫어보는 눈을 주시고, ○○의 마음속에 정직함이 떠나지 않게 하옵소서.

축복하며 예수 그리스도의 이름으로 기도합니다. 아멘.

15일

살아남은 자에게 슬픔이 남지만,
슬픔을 바탕으로 꽃을 피울 수 있습니다.

사28:5 그 날에 만군의 여호와께서 그 남은 백성에게 영화로운 면류관이 되시며 아름다운 화관이 되실 것이라

하나님, ○○가 나 아닌 모든 생명들에 대해 고마움을 갖게 하시고, 동시에 미안함을 갖는 따뜻한 사람이 되게 하옵소서.

저 멀리 아프리카의 슬픔을 함께 슬퍼하게 하시고, 북극곰의 눈물에 텀블러를 쓰는 실천이 따르게 하옵소서.

축복하며 예수 그리스도의 이름으로 기도합니다. 아멘.

16일

주님을 만나기까지, 기다림은 서 있는 우리와
오시는 주님 모두에게 같은 기다림입니다.

사30:18 그러나 여호와께서 기다리시나니 이는 너희에
게 은혜를 베풀려 하심이요 일어나시리니 이는 너희를
긍휼히 여기려 하심이라 대저 여호와는 공의의 하나님
이시라 무릇 그를 기다리는 자는 복이 있도다

우리와 만나주시는 하나님, 주의 손길을 기다리
는 우리와 우리를 향하신 주의 마음이 같은 기
다림이기에 감사드립니다.

　OO가 언제나 약속시간을 잘 지키는 사람이
되게 하시고, 기다리는 동안에도 늦게 오는 이
의 바쁜 마음을 헤아리는 넉넉함도 허락하옵
소서.

　축복하며 예수 그리스도의 이름으로 기도합
니다. 아멘.

17일

우리 자신은 원하는 것은 잘 알지만,
필요한 것에 대해서는 잘 모를 때가 있습니다.

사33:6 너의 시대에 평안함이 있으며 구원과 지혜와 지
식이 풍성할 것이니 여호와를 경외함이 너의 보배니라

주님, 우리에게 '평안'이 절대적으로 필요하기
에 하나님의 평화가 우리에게 임하는 줄로 믿습
니다.

○○가 시험 앞에서 떨리는 마음, 사랑의 대상
을 찾지 못해 동동거리는 마음이 되지 않게 하
시고, ○○의 오늘 삶에 원하는 바와 필요로 하는
모든 것이 채워지는 평강이 넘치게 하옵소서.

축복하며 예수 그리스도의 이름으로 기도합
니다. 아멘.

18일

채워지지 않는 허기는 갈증을 느끼게 하지만,
하늘은 한번도 닫힌 적이 없습니다.

사34:16 너희는 여호와의 책을 자세히 읽어보라 이것들
이 하나도 빠진 것이 없고 하나도 그 짝이 없는 것이
없으리니 이는 여호와의 입이 이를 명하셨고 그의 신
이 이것들을 모으셨음이라

우리에게 충분한 은혜를 주시는 하나님, 그럼에
도 ○○가 갈증을 느낄 때에, 내리는 은혜를 막고
있는 건 아닌지 돌아보게 하시고, 믿음의 그릇
이 작다면, 그릇을 크게 키워 만족함을 누리는
○○가 되게 하옵소서.

마음으로 기대하는 것보다 더 큰 믿음을 허락
하옵소서.

축복하며 예수 그리스도의 이름으로 기도합
니다. 아멘.

19일

어제와 다른 오늘이 우리 앞에 펼쳐집니다.

사37:35 대저 내가 나를 위하여 내 종 다윗을 위하여 이 성을 보호하며 구원하리라 하셨나이다

주님, 희망을 저버리는 것이 죄악임을 ○○가 고백하게 하옵소서. 마침내 '오늘'을 기대하며 살게 하시되, 주님께서 주시는 소망과 믿음으로 구원의 완성을 맛보게 하옵소서.

○○에게 오늘이라 불리는 날이 소망으로 가슴이 뛰는 날이 되게 하옵소서.

축복하며 예수 그리스도의 이름으로 기도합니다. 아멘.

20일

야단맞을수록, 혼이 날수록 더욱 용기를 내어
잘해보겠다는 이에게 신뢰가 싹틉니다.

사38:5 너는 가서 히스기야에게 이르기를 네 조상 다
윗의 하나님 여호와께서 이같이 말씀하시기를 내가 네
기도를 들었고 네 눈물을 보았노라 내가 네 수한에 십
오년을 더하고

주님, 안타까운 소식을 주님으로부터 들었을지
라도, 도망하지 않게 하옵소서. 하나님의 옷자락
이라도 잡고 늘어지는 ○○가 되게 하옵소서.
　잘못을 시인하고, 한걸음 더 가겠다고 주먹을
불끈 쥐는 ○○가 되게 하셔서 주님의 신뢰를 얻
는 자가 되게 하옵소서. 그 열망으로 주의 능력
을 체험하는 자가 되게 하옵소서.
　축복하며 예수 그리스도의 이름으로 기도합
니다. 아멘.

21일

우리의 과거와 현재와 미래는
하나님의 머리 속에 이미 그려져 있습니다.

사40:31 오직 여호와를 앙망하는 자는 새 힘을 얻으리니 독수리의 날개치며 올라감 같을 것이요 달음박질하여도 곤비치 아니하겠고 걸어가도 피곤치 아니하리로다

하나님, 땅에 발을 딛고 살아가는 우리가 멀리 내다보는 데에는 한계가 있음을 고백합니다. 그러나 ○○의 미래는 주님께서 디자인하셨기 때문에 아름다울 것임을 믿습니다.

　○○가 오늘 경험하는 것들 속에서 하나님께서 어떻게 힘 주시는 지를 체험케 하옵소서.

　피곤치 않도록 힘주심을 믿고 축복하며 예수 그리스도의 이름으로 기도합니다. 아멘.

22일

우리의 눈에 가장 먼저 들어오는 것이
내 관심하는 바입니다. 주님은 우리의 상처를
먼저 보시고, 꺼져가는 연약함을 먼저 보십니다.

사42:3 상한 갈대를 꺾지 아니하며 꺼져가는 등불을 끄
지 아니하고 진리로 공의를 베풀 것이며

하나님, 주님의 시선은 우리의 잘못과 죄악에
있지 않고, 우리의 가능성, 선한 의지, 하나님을
간절히 찾는 우리의 상처에 있음을 믿습니다.
　○○의 허물을 보지 마시고, ○○의 중심에 있는
선한 의지를 살피셔서 도우소서.
　축복하며 예수 그리스도의 이름으로 기도합
니다. 아멘.

23일
믿음의 크기를 키워갈수록
주님의 능력을 더 많이 체험하게 됩니다.

사43:2 네가 물 가운데로 지날 때에 내가 함께 할 것이라 강을 건널 때에 물이 너를 침몰치 못할 것이며 네가 불 가운데로 행할 때에 타지도 아니할 것이요 불꽃이 너를 사르지도 못하리니

능력의 하나님, ○○가 주님을 사랑함에도 겪는 어려움이 있다 할지라도 두려워하지 않게 하옵소서. 고난이 있을 때마다 어떻게 하나님께서 보호하시는 지를 보고, 즐기는 자가 되게 하옵소서.

역경의 파고를 넘을 힘이 없다 할지라도 ○○를 삼키지 못하도록 주께서 지켜 주실 줄로 믿습니다.

축복하며 예수 그리스도의 이름으로 기도합니다. 아멘.

24일

우리의 시선이 주님을 향할 때,
보이는 것 이상의 것을 볼 수 있습니다.

사46:13 내가 나의 의를 가깝게 할 것인즉 상거가 멀지 아니하니 나의 구원이 지체치 아니할 것이라 내가 나의 영광인 이스라엘을 위하여 구원을 시온에 베풀리라

하나님, ○○가 주위를 보며, 환경과 조건 앞에서 푸념하고 있을 때, ○○를 바라보고 계시는 하나님의 시선을 느끼게 하옵소서.

세상의 줄도 없고 빽도 없어도, 주님께서 ○○와 함께 하고 계시기에 ○○를 붙잡아 주실 줄로 믿습니다.

축복하며 예수 그리스도의 이름으로 기도합니다. 아멘.

25일

때로 모성애도 포기되는 세상이지만,
주님은 결코 우리를 잊지 않으십니다.

사49:15 여인이 어찌 그 젖먹는 자식을 잊겠으며 자기 태에서 난 아들을 긍휼히 여기지 않겠느냐 그들은 혹시 잊을지라도 나는 너를 잊지 아니할 것이라

하나님, 사랑하는 누군가의 기억에서 잊혀지는 것처럼 아픈 일은 없습니다.

○○가 주님을 사랑하오니 잊지 말아주옵소서. 주님의 본성이 사랑이심을 믿습니다. ○○를 향한 하나님의 사랑은 잠시도 끊어짐이 없게 하옵소서.

축복하며 예수 그리스도의 이름으로 기도합니다. 아멘.

26일

까막눈이어도 상경한 자녀의 편지를
기다리는 촌로의 마음처럼, 믿음의 사람들이
전할 기쁜 소식을 기대하는 이들이 있습니다.

사52:7 좋은 소식을 가져오며 평화를 공포하며 복된 좋
은 소식을 가져오며 구원을 공포하며 시온을 향하여
이르기를 네 하나님이 통치하신다 하는 자의 산을 넘
는 발이 어찌 그리 아름다운고

은혜의 주님, 연일 터지는 사건 사고의 뉴스 속
에서 ○○의 삶과 걸음이 모두에게 복된 소식이
되게 하옵소서. 아름다운 미담으로 가득한 삶
이 되게 하시고, 주의 은혜를 널리 전하는 ○○가
되게 하옵소서.
　축복하며 예수 그리스도의 이름으로 기도합
니다. 아멘.

27일

절연체로 둘러싸인 그릇이
온도를 오래 유지하듯, 주님의 은혜가
새나가는 일이 없도록 성령께서 도우십니다.

사54:10 산들은 떠나며 작은 산들은 옮길지라도 나의 인자는 네게서 떠나지 아니하며 화평케 하는 나의 언약은 옮기지 아니하리라 너를 긍휼히 여기는 여호와의 말이니라

한결같으신 주님, 주님의 한결같은 사랑 때문에 ○○의 심지가 흔들리지 않을 줄로 믿습니다.

○○에게 약속하신 은혜를 잃어버리지 않기 위해 성령으로, ○○의 믿음으로 이중 삼중으로 감싸게 하옵소서.

주의 약속을 보며 흔들리지 않는 ○○가 되게 하실 줄 믿고, 축복하며 예수 그리스도의 이름으로 기도합니다. 아멘.

28일

내 마음을 찌르는 소리는
결코 흘려들을 수 없습니다.

사55:3 너희는 귀를 기울이고 내게 나아와 들으라 그리하면 너희 영혼이 살리라 내가 너희에게 영원한 언약을 세우리니 곧 다윗에게 허락한 확실한 은혜니라

하나님의 말씀이 내 입에 달지만, 잘못된 일 앞에서는 쓰디 쓴 가르침이기에 감사드립니다.

주님, ○○가 주의 말씀에 귀 기울이게 하시되, 마음을 찌르고 쪼갬이 있는 말씀 앞에서 흘려듣는 일이 없도록 하옵소서. 주의 약속을 날마다 되뇌임으로 은혜를 누리는 ○○가 되게 하옵소서.

축복하며 예수 그리스도의 이름으로 기도합니다. 아멘.

29일

우리 전화기는 때로 '지금은
전화를 받을 수 없습니다.'는 응답을 하지만,
주님께 드리는 우리 기도에는 불통이 없습니다.

사58:9 네가 부를 때에는 나 여호와가 응답하겠고 네가
부르짖을 때에는 말하기를 내가 여기 있다 하리라 만
일 네가 너희 중에서 멍에와 손가락질과 허망한 말을
제하여 버리고

주님, 주님께 드리는 기도에는 통화중도, 연결
불가능의 메시지도 없습니다. 주님 약속하신
그대로, ○○가 주님을 찾을 때에 응답하시고,
'못 찾겠다 꾀꼬리'를 외치는 술래처럼 포기할
때에는 ○○ 앞에 나타나 주옵소서.

주님의 침묵이 길지 않도록 은혜를 내려주옵
소서.

축복하며 예수 그리스도의 이름으로 기도합
니다. 아멘.

30일

새로 짓기보다 복원하는 것이
더 어려운 일이지만, 주님께서는
회복시키는 은혜를 허락하십니다.

사61:4 그들은 오래 황폐하였던 곳을 다시 쌓을 것이며 예로부터 무너진 곳을 다시 일으킬 것이며 황폐한 성읍 곧 대대로 무너져 있던 것들을 중수할 것이며

하나님, 하나의 관계를 새롭게 만드는 것보다 무너진 관계를 회복하는 길이 더 어렵고 힘든 일임을 고백합니다.

그러나 ○○는 회복시키는 주의 능력으로 새로운 관계로 지평을 얼게 하시고, 무너진 관계를 회복하여 기반을 튼튼히 다지게 하옵소서.

축복하며 예수 그리스도의 이름으로 기도합니다. 아멘.

31일

우리에게는 오늘,
그리고 다음이 준비되어 있습니다.

사65:17 보라 내가 새 하늘과 새 땅을 창조하나니 이전
것은 기억되거나 마음에 생각나지 아니할 것이라

하나님, ○○가 오늘의 실패에 주저앉지 않게 하
옵소서.

오늘 낙담하지만, 다음이 준비되어 있음을
기대하게 하시고, 오늘 눈물 흘리지만, 다음의
기쁜 찬송이 기다리고 있음을 잊지 않게 하옵
소서.

주의 손길을 기대하며 예수 그리스도의 이름
으로 축복하여 기도합니다. 아멘.

아홉 번째 달의 기도

하나님께서는 회복을 명하시고,
내 아이의 삶에
충만함을 언약하셨습니다.

1일

우리가 어떤 말을 하며 살아가야 할지
주님께서 직접 말씀을 입에 넣어주십니다.

렘1:9 여호와께서 그 손을 내밀어 내 입에 대시며 내게 이르시되 보라 내가 내 말을 네 입에 두었노라

하나님, ○○(내 자녀의 이름)가 말을 하지 못해서 겪는 답답함이 없도록 하옵소서.

특히 논쟁의 과정에서 진리를 말하는 ○○가 되게 하시고, 온유한 말 속에 진리의 힘을 전하는 ○○가 되게 하옵소서.

축복하며 예수 그리스도의 이름으로 기도합니다. 아멘.

2일

진실과 공평과 정의는 하나님의
특성이지만, 우리에게도 허락하신 부분입니다.

렘4:2 진실과 공평과 정의로 여호와의 삶을 가리켜 맹세하면 열방이 나로 인하여 스스로 복을 빌며 나로 인하여 자랑하리라

진리의 하나님, 문제 앞에서 해법을 몰라 헤매는 인생들이 많지만, ○○는 주님께서 주시는 지혜로 모든 문제 앞에서 해답을 찾아가는 ○○가 되게 하옵소서.

주의 복을 누리는 사람이 되게 하실 줄 믿음으로 축복하며 예수 그리스도의 이름으로 기도합니다. 아멘.

3일

주의 말씀 앞에 무릎을 꿇는
이들에 힘과 능력을 주십니다.

렘8:4 너는 또 그들에게 말하기를 여호와의 말씀에 사람이 엎드러지면 어찌 일어나지 아니하겠으며 사람이 떠나갔으면 어찌 돌아오지 아니하겠느냐

하나님, 주의 말씀이 선포되는 곳에 ○○의 겸손함이 복종이, 순종이 따르게 하옵소서. 주님 앞에 무릎을 꿇을 때, 무릎에 힘을 주시고 강하게 일어서는 주의 은혜를 경험하게 하옵소서.

주님은 ○○를 굳게 서게 해 주시는 분이십니다.

축복하며 예수 그리스도의 이름으로 기도합니다. 아멘.

4일

주님의 말씀에 담긴 진리를
깨닫는 것이 우리의 자랑입니다.

렘9:24 자랑하는 자는 이것으로 자랑할지니 곧 명철하여 나를 아는 것과 나 여호와는 인애와 공평과 정직을 땅에 행하는 자인 줄 깨닫는 것이라 나는 이 일을 기뻐하노라 여호와의 말이니라

인생의 참된 자랑이 되시는 하나님, ○○가 집의 크기, 자동차의 크기, 통장의 개수를 자랑하는 사람이 되지 말게 하옵소서.

평생을 통해, 주님을 아는 지식과 주의 뜻대로 살아가는 삶을 자랑하는 사람이 되게 하옵소서.

축복하며 예수 그리스도의 이름으로 기도합니다. 아멘.

5일
하나님께서 살아 계시기에 오늘
우리 삶에 정직한 기준이 서는 것입니다.

렘10:10 오직 여호와는 참 하나님이시오 사시는 하나님이시오 영원한 왕이시라 그 진노하심에 땅이 진동하며 그 분노하심을 열방이 능히 당치 못하느니라

살아계신 하나님, ○○가 살아계신 하나님을 두려워하게 하옵소서. 하나님을 두려워하기에 언제나 정직을 꾀하는 자가 되게 하옵소서.

주님의 분노가 ○○에게 임하지 않을 줄 믿음으로 축복하며 예수 그리스도의 이름으로 기도합니다. 아멘.

6일

소리는 많지만, 우리가 귀를
기울여야 내 마음에 남는 것입니다.

렘11:8 그들이 청종치 아니하며 귀를 기울이지도 아니하고 각각 그 악한 마음의 강퍅한 대로 행하였으므로 내가 그들에게 행하라 명하였어도 그들이 행치 아니한 이 언약의 모든 말로 그들에게 응하게 하였느니라 하라

사랑의 하나님, ○○가 여러 소리들 가운데, 생명을 살리는 소리에만 집중하게 하옵소서.

수업을 받을 때도, 대화를 할 때도 집중하게 하셔서 ○○의 귀와 마음에 덕이 되는 말씀만 자라게 하옵소서.

믿음으로 축복하며 예수 그리스도의 이름으로 기도합니다. 아멘.

7일

힘과 구원의 상징은 허리에 있습니다.
우리는 하나님의 허리입니다.

렘13:11 나 여호와가 말하노라 띠가 사람의 허리에 속함 같이 내가 이스라엘 온 집과 유다 온 집으로 내게 속하게 하여 그들로 내 백성이 되게 하며 내 이름과 칭예와 영광이 되게 하려 하였으나 그들이 듣지 아니하였느니라

능력의 하나님, ○○가 하나님의 손에 자신을 온전히 맡기는 사람이 되게 하옵소서.

○○가 하나님의 힘이 되어서, 주님을 증거하고, 주의 영광을 나타내는 자녀가 되게 하옵소서. 튼튼한 허리가 서있는 힘을 받쳐주는 것처럼, 주를 향한 믿음이 강건하게 하옵소서.

축복하며 예수 그리스도의 이름으로 기도합니다. 아멘.

미움은 약속을 잊게 하지만,
하나님께서는 절대로 약속을
잊지 않으십니다.

렘14:21 주의 이름을 위하여 우리를 미워하지 마옵소서
주의 영광의 위를 욕되게 마옵소서 우리와 세우신 주
의 언약을 기억하시고 폐하지 마옵소서

우리를 미워하지 않으시고 은혜를 베풀어 주시
는 하나님, ○○가 세상을 향하여 미움을 품지 않
게 하옵소서. 혹시 지를 해하는 자가 있다 할지
라도, 원수까지도 사랑하게 하옵소서.

그럴 때, 모든 원수와 미움의 대상이 ○○를 인
정하고 사랑하는 데까지 이르게 하옵소서.

믿음으로 축복하며 예수 그리스도의 이름으
로 기도합니다. 아멘.

9일

아플 때면 너무도 당연히 의사를 찾듯이,
우리 영혼은 너무도 당연하게
하나님을 찾아야 합니다.

렘17:14 여호와여 주는 나의 찬송이시오니 나를 고치소서 그리하시면 내가 낫겠나이다 나를 구원하소서 그리하시면 내가 구원을 얻으리이다

고치시는 하나님, ○○를 어루만저 주옵소서. 부모가 알아주지 못하는 ○○의 상한 마음이 있다면 주께서 고쳐주시고, 평안이 찾아오게 하옵소서.

건강하게 하시되, 혹 몸에 아픔이 생긴다면 하나님의 치유의 광선을 모든 병 가운데 비추셔서 강건하게 하옵소서.

믿음으로 축복하여 예수 그리스도의 이름으로 기도합니다. 아멘.

10일

하나님의 손 안에 있기에
쓸모없는 것으로 만들어질리가 없습니다.

렘18:6 나 여호와가 이르노라 이스라엘 족속아 이 토기장이의 하는 것같이 내가 능히 너희에게 행하지 못하겠느냐 이스라엘 족속아 진흙이 토기장이의 손에 있음 같이 너희가 내 손에 있느니라

우리를 만드신 하나님, 우리를 하나님의 손으로 매만져 주시니 감사드립니다.

○○가 하나님의 손 안에 있기에 이 땅에 꼭 필요한 존재가 되게 하실 줄로 믿습니다.

○○가 ○○를 만드신 하나님의 마음에 쏙 드는 삶을 살아가게 하옵소서.

믿음으로 축복하며 예수 그리스도의 이름으로 기도합니다. 아멘.

11일

열정이 식어질 때면,
중심으로 돌아가야 합니다.

렘20:9 내가 다시는 여호와를 선포하지 아니하며 그 이름으로 말하지 아니하리라 하면 나의 중심이 불붙는 것 같아서 골수에 사무치니 답답하여 견딜 수 없나이다

하나님, ○○가 열정적인 사람이 되게 하옵소서. 믿음, 삶, 사랑 모든 부분에 열정을 갖게 하시되 더불어 차분히 자신을 돌아보는 지혜도 주옵소서.

혹 ○○가 열정을 잃을 때면, 중심을 돌아보게 하셔서 예레미야처럼 중심이 불붙어 열정을 회복하게 하옵소서.

믿음으로 축복하며 예수 그리스도의 이름으로 기도합니다. 아멘.

길을 찾는 가장 빠른 방법은
그 길을 아는 사람과 함께 하는 것입니다.

렘23:4 내가 그들을 기르는 목자들을 그들 위에 세우리니 그들이 다시는 두려워하거나 놀라거나 축이 나지 아니하리라 여호와의 말이니라

하나님, ○○가 하나님께서 주신 인생의 항로를 벗어나지 않게 하옵소서.

혹 좌우로 지우쳐 방황하는 때가 있을 때면, 부모의 도움과 인생의 항로를 가장 잘 아는 목자들을 붙여주셔서, ○○기 올바른 길을 되찾을 수 있도록 인도하옵소서.

믿음으로 축복하며 예수 그리스도의 이름으로 기도합니다.

13일

분노와 악의를 보듬고
다스릴 힘을 주님께서 우리에게 주셨습니다.

렘24:7 내가 여호와인줄 아는 마음을 그들에게 주어서 그들로 전심으로 내게 돌아오게 하리니 그들은 내 백성이 되겠고 나는 그들의 하나님이 되리라

하나님, 어떤 마음가짐으로 살아가느냐에 따라 인생을 보는 눈이 달라집니다.

○○가 하나님께서 주시는 마음으로 자신의 인생을 바라보게 하시고, 사랑과 인정받는 사람이 되게 하옵소서.

자존감이 높은 사람이 되게 하시되, 또한 겸손한 사람이 되게 하옵소서.

축복하며 예수 그리스도의 이름으로 기도합니다. 아멘.

14일

부품 한 두 개만 고치면 잘 굴러가는
자동차처럼, 인생의 잘못된 몇 부분만 고치면
온전해질 수 있으므로 포기하지 마십시오.

렘26:13 그런즉 너희는 너희 길과 행위를 고치고 너희 하
나님 여호와의 목소리를 청종하라 그리하면 여호와께서
너희에게 선고하신 재앙에 대하여 뜻을 돌이키시리라

하나님, ○○가 잘못된 행실, 잘못된 삶이 있다 할
지라도 생 전체를 망친 것이 아니기에 수정하고
돌아올 수 있음을 믿게 하옵소서.
　주님의 목소리를 듣는 순간부터 인생이 온전
케 되는 기적을 맛보게 하옵소서.
　자신의 삶도, 다른 누군가의 삶도 하나님께서
만져주시면 온전해질 수 있다는 것을 믿고 사랑
하게 하옵소서.
　축복하며 예수 그리스도의 이름으로 기도합
니다. 아멘.

15일
하나님께선 분명히 우리에게
평안과 소망을 공표하셨습니다.

렘29:11 나 여호와가 말하노라 너희를 향한 나의 생각은 내가 아나니 재앙이 아니라 곧 평안이요 너희 장래에 소망을 주려하는 생각이라

선하심 하나님, 하나님의 생각은 언제나 선하심을 날마다 깨닫습니다.

○○를 두고 품으신 하나님의 생각이 재앙이 아니라 평안이며, ○○의 장래에 소망을 주시는 것임을 일깨워주시니 감사드립니다. 이 약속을 ○○가 잊지 않게 하시고, 그 약속 때문에 더욱 강건하고, 담대한 사람이 되게 하옵소서.

축복하며 예수 그리스도의 이름으로 기도합니다. 아멘.

16일

사랑하시기에
우리 삶을 인도하십니다.

렘31:3 나 여호와가 옛적에 이스라엘에게 나타나 이르기를 내가 무궁한 사랑으로 너를 사랑하는 고로 인자함으로 너를 인도하였다 하였노라

사랑의 하나님, 무궁하신 사랑에 감사드립니다. ○○를 사랑하시기에 인도하시고, 두렵고 무서운 모습으로 이끄시는 것이 아니라, 인자함으로 인도하신다고 약속하셨습니다. 감사드립니다.

○○가 완전한 사랑의 힘을 믿게 하시고, 언제나 그 사랑에서 떠나지 않도록 이끌어 주옵소서.

믿음으로 축복하며 예수 그리스도의 이름으로 기도합니다. 아멘.

17일

하나님께서 우리를 떠나지
않으시는 이유는 은혜를 주시기 위함입니다.

렘32:40 내가 그들에게 복을 주기 위하여 그들을 떠나지
아니하리라 하는 영영한 언약을 그들에게 세우고 나를
경외함을 그들의 마음에 두어 나를 떠나지 않게 하고

하나님, 우리 생은 누군가 꼭 필요할 때에 아무도 곁에 없을 수도 있는 인생입니다.

○○ 곁에는 슬플 때나, 기쁠 때나 늘 함께 하는 벗들로 풍성하게 하옵소서. 그럼에도 사람으로 인해 실망할 때에는 ○○의 곁을 떠나지 아니하시는 하나님을 전적으로 의지함으로 위로와 힘을 얻게 하옵소서.

축복하며 예수 그리스도의 이름으로 기도합니다. 아멘.

18일

한 공동체를 이끄는
지도자일수록 신의를 지켜야 합니다.

렘34:8 시드기야 왕이 예루살렘에 있는 모든 백성과 언약하고 자유를 선언한 후에 여호와께로서 말씀이 예레미야에게 임하니라

모든 사람이 각자의 영역과 맡은 바 책임 속에서 성실하고, 진실함이 나타나기 원합니다.

주님, ○○가 맡은 바 책무을 성실히 감당하며 신의를 지킬 때, 주님께서 말씀하시고, 인도하시고, 역사하실 줄로 믿습니다.

속임수가 난무해도, ○○는 진실함의 힘을 믿게 하옵소서.

축복하며 예수 그리스도의 이름으로 기도합니다. 아멘.

19일

우리에게 귀를 주신 이유는
들으라는 하나님의 뜻입니다.

렘36:6 너는 들어가서 나의 구전대로 두루마리에 기록한 여호와의 말씀을 금식일에 여호와의 집에 있는 백성의 귀에 낭독하고 유다 모든 성에서 온 자들의 귀에도 낭독하라

하나님, ○○가 머리에 손 얹고 기도하는 축복의 기도를 듣고, 믿음으로 아멘하게 하옵소서.

주의 말씀이 ○○를 살리시며, 주의 뜻이 ○○와 함께 하실 줄로 믿습니다. 주께서 인도하시는 삶으로 이 땅에서도 평안하며, 저 하늘나라에서도 행복한 삶이 되게 하옵소서.

축복하며 예수 그리스도의 이름으로 기도합니다. 아멘.

<h1 style="text-align:center">20일</h1>

언젠가 이루어지는 것이 아니라,
반드시 이루어집니다.

렘39:18 내가 단정코 너를 구원할 것인즉 네가 칼에 죽지 아니하고 네 생명이 노략물을 얻음 같이 되리니 이는 네가 나를 신뢰함이니라 여호와의 말이니라

하나님, ○○가 언젠가 이룰 것이라는 말에 현혹되지 않게 하시고, ○○의 마음에 언젠간 되겠지 하는 게으름의 소리가 있지 않게 하옵소서.

자신의 미래를 위해 오늘을 착실히 준비하는 사람이 되게 하시고, 오늘의 준비로 내일의 기쁨을 맛보게 하옵소서.

축복하며 예수 그리스도의 이름으로 기도합니다. 아멘.

21일

하나님께서 내게만 주신
삶의 길이 있습니다.

렘42:3 당신의 하나님 여호와께서 우리의 마땅히 갈 길과 할 일을 보이시기를 원하나이다

하나님, 우리는 비교하며 살아가지만, 주님께서는 자신을 보라고 말씀하십니다.

ОО가 다른 사람과 비교하며 스스로의 갈 길을 잃고 방황하지 않게 하옵소서. 우리 살 길은 남과 비교하여 살아가는 삶이 아님을 믿기에 하나님께서 주시는 삶대로만 살아가게 하옵소서.

축복하며 예수 그리스도의 이름으로 기도합니다. 아멘.

22일

내가 범한 죄악은 가시를 만들어 내고,
남과 결국 나까지도 상하게 합니다.

렘44:23 너희가 분향하여 여호와께 범죄하였으며 여호
와의 목소리를 청종치 아니하고 여호와의 법과 율례와
증거대로 행치 아니하였으므로 이 재앙이 오늘과 같이
너희에게 미쳤느니라

주님, 죄의 열매는 가시입니다. 상대방을 찌르
고, 마침내 자기 자신을 찌르고, 공멸에 이르게
합니다.

하나님, ○○가 행여 죄를 범해 자기와 타인을
해하지 않도록 이끌어 주옵소서. 자신과 남 모
두에게 덕을 주는 삶이 되게 하옵소서.

축복하며 예수 그리스도의 이름으로 기도합
니다. 아멘.

23일

어려움에 처할 때에는
끝까지 버틸 때, 주님의 손길이 임하십니다.

렘46:27 내 종 야곱아 두려워 말라 이스라엘아 놀라지 말라. 보라 내가 너를 원방에서 구원하며 네 자손을 포로된 땅에서 구원하리니 야곱이 돌아와서 평안히, 정온히 거할 것이라 그를 두렵게 할 자 없으리라

절벽 끝에 있어도, 넘어지고 미끄러져도, 하나님 안에서 끝까지 버틸 때 살아날 수 있음을 믿습니다.

주님, ○○가 끝끝내 견디고 인내하는 사람이 되게 하옵소서. 어려움 속에 끝까지 버티게 하시고, 마침내 주님이 인도하시는 은혜를 누리게 하옵소서.

축복하며 예수 그리스도의 이름으로 기도합니다. 아멘.

24일

주님을 거스르는 것은 자신 만이 아니라,
모두를 암흑 속으로 빠뜨립니다.

렘48:42 모압이 여호와를 거스려 자만하였으므로 멸망
하고 다시 나라를 이루지 못하리로다

주님의 길에 걸림돌이 되지 않게 하시고, 주님을
향하는 길에 가림막이 되지 않게 하옵소서.

교회가 비판받고 있는 시대에 OO는 하나님의
영광을 있는 그대로 드러내게 하옵소서. OO가
그리스도 예수께서 참이고, 옳음을 나타내게 하
옵소서.

축복하며 예수 그리스도의 이름으로 기도합
니다. 아멘.

25일

우리는 단 한 번도
사랑 없이 산 적이 없습니다.

렘50:5 그들이 그 얼굴을 시온으로 향하여 그 길을 물으며 말하기를 너희는 오라 잊어버리지 아니할 영영한 언약으로 여호와와 연합하자 하리라

○○가 한번도, 한순간도 사랑 없이 살아가지 않게 하옵소서. 하나님의 사랑이 언제나 함께 하실 것을 믿고 감사드립니다.

○○가 그 사실을 언제나 잊지 않게 하옵소서. 부모의 사랑과 하나님의 사랑, 함께 하는 이들의 사랑으로 주님과 연합하게 하옵소서.

축복하며 예수 그리스도의 이름으로 기도합니다. 아멘.

26일

도전하는 길에
주님께서 함께 하십니다.

렘51:11 화살을 갈며 방패를 굳게 잡으라 여호와께서 메대 왕들의 마음을 격발하사 바벨론을 멸하기로 뜻하시나니 이는 여호와의 보수하시는 것 곧 그 성전의 보수하시는 것이라

하나님, ○○가 악에 대하여 언제나 도전하게 하옵소서.

실패를 두려워하는 사람들이 많지만 실패를 경험한 이들이 많지 않은 것처럼, 머리속의 셈법만으로 머뭇거리는 인생이 되지 않게 하옵소서. 주님께서 주시는 힘으로 언제나 선한 길에 도전하는 사람이 되게 하옵소서.

축복하며 예수 그리스도의 이름으로 기도합니다. 아멘.

27일

고민을 들고 하나님께로 갑시다.

애1:22 저희 모든 악을 주 앞에 나타내시고 나의 모든 죄악을 인하여 내게 행하신 것같이 저희에게 행하옵소서 나의 탄식이 많고 나의 마음이 곤비하니이다

하나님, ○○가 억울하다 여기거나 문제가 있을 때에는 주께로 달려가게 하옵소서.

고민이 생길 때마다 맨 먼저 주님을 찾는 ○○가 되게 하옵소서. 주님께서 우리 삶을 세밀히 살피시기에, ○○가 품는 관계, 학업, 생김새, 위험, 내일에 대한 모든 고민을 해결해 주실 줄로 믿습니다.

축복하며 예수 그리스도의 이름으로 기도합니다. 아멘.

28일

어떤 것을 품고 있느냐에
따라 열매가 달라집니다.

애3:24 내 심령에 이르기를 여호와는 나의 기업이시니
그러므로 내가 저를 바라리라 하도다

오늘의 생각이 내일의 행동이 되는 법입니다.

하나님, ○○가 하나님의 사랑에 대한 생각으로 가득 채우게 하옵소서. 생각으로도 희망을 쌓게 하시고, 꿈을 쌓아가게 하옵소서.

주의 은혜가 내릴 내일을 기대하며 살아가게 하옵소서.

축복하며 예수 그리스도의 이름으로 기도합니다.

29일

옳은 것을 분별할 지혜가 필요함은,
헛되이 도움을 바랄 수도 있기 때문입니다.

하나님, 우리는 헛된 것에 목숨을 걸고, 생명을 의지할 수도 있는 불쌍한 영혼들입니다.

○○가 참된 도우심만을 바라는 사람이 되게 하옵소서.

오직 하나님의 손길만 붙드는 아이 되게 하셔서, 어떤 어려움 속에서도 사라질 헛된 도움에 자신을 의지하지 말게 하옵소서.

축복하며 예수 그리스도의 이름으로 기도합니다. 아멘.

30일

절망에 눈 감지 마십시오.
그곳에서 구원이 임하기 때문입니다.

애5:1 여호와여 우리의 당한 것을 기억하시고 우리의
수욕을 감찰하옵소서

주님의 은혜를 받아들이는 우리는, 내 안에 있
는 절망감을 인정하며 고백합니다.

　주님, 베푸시는 은혜를 넉넉히 받는 ○○가 되
게 하시고, 내 안의 절망을 애써 외면하는 사람
이 이니라, 직시함으로 주의 도우심을 간구하는
사람이 되게 하옵소서.

　축복하며 예수 그리스도의 이름으로 기도합
니다. 아멘.

30일

하나님께로 돌이키는 자에게
어제보다 나은 오늘을 선물로 주십니다.

애5:21 여호와여 우리를 주께로 돌이키소서 그리하시면 우리가 주께로 돌아가겠사오니 우리의 날을 다시 새롭게 하사 옛적 같게 하옵소서

하나님, ○○의 믿음에는 단순한 신실함이 있게 하옵소서.

오직 하나님을 바라보게 하시고, 하나님을 향한 믿음이 능력의 모든 것임을 믿음으로 고백하게 하옵소서. ○○를 날마다 새롭게 하시고, 어제보다 나은 오늘이 되게 하옵소서.

축복하며 예수 그리스도의 이름으로 기도합니다. 아멘.

열 번째 달의 기도

하나님께서 내 아이에게 말씀을 넣어주시고,
이 땅을 굳게 세우는 지도자로
심으시겠다고 언약하셨습니다.

1일

하나님께서 우리에게
구별된 삶을 살기 원하십니다.

겔1:8 인자야 내가 네게 이르는 말을 듣고 그 패역한 족속같이 패역하지 말고 네 입을 벌리고 내가 네게 주는 것을 먹으라 하시기로

우리를 거룩하게 하시는 하나님, 하나님께서는 우리의 구별된 삶을 원하십니다.

○○(내 자녀의 이름)가 주님 말씀대로 패역한 시대를 본받지 않게 하시고, 주님께서 채워주시는 진리의 말씀으로 거룩을 꿈꾸는 사람이 되게 하옵소서.

축복하며 예수 그리스도의 이름으로 기도합니다. 아멘.

2일

하나님의 인도하심은
때로 급격히 찾아옵니다.

겔3:14 주의 신이 나를 들어 올려 데리고 가시는데 내가 근심하고 분한 마음으로 행하니 여호와의 권능이 힘 있게 나를 감동하시더라

하나님, 때로 ○○를 이끌어 주시는 하나님의 인도하심이 급격히 찾아올 때에, 힘겹다 여기며 불평하지 않게 하옵소서.

힘겨움을 이겨내게 하시는 주님의 감동과 돌보심이 늘 함께 하실 줄 믿습니다.

축복하며 예수 그리스도의 이름으로 기도합니다. 아멘.

<h1 style="text-align:center">3일</h1>

외형만 꾸미는 화려한 장식은
사람을 교만하게 합니다.

겔7:20 그들이 그 화려한 장식으로 인하여 교만을 품었고 또 그것으로 가증한 우상과 미운 물건을 지었은즉 내가 그것으로 그들에게 오물이 되게 하여

교만을 싫어하시는 하나님, ○○가 외형을 꾸미는 장식들에 한눈이 팔리지 않게 하옵소서.

○○가 가지게 될 물건들을 자랑하지 않게 하시고, 언제나 주님 앞에서 겸손한 자가 되게 하옵소서.

믿음으로 축복하며 예수 그리스도의 이름으로 기도합니다. 아멘.

4일

주님의 영광이 우리에게 비췰 때면,
우리 존재도 빛으로 밝게 빛납니다.

겔10:4 여호와의 영광이 그룹에서 올라 성전 문지방에
임하니 구름이 성전에 가득하며 여호와의 영화로운 광
채가 뜰에 가득하였고

하나님, 주님의 영광이 비췰 때면, 모든 것이 밝게 빛나게 됩니다.

OO가 주의 영광을 덧입게 히옵소서. 주님을 보았던 모세의 얼굴에 광채가 빛났던 것처럼, OO의 모든 삶에 광채가 빛나게 하옵소서.

축복하며 예수 그리스도의 이름으로 기도합니다. 아멘.

5일

하나님을 사랑하는 사람들의 마음이
하나가 될 때, 큰 능력이 발휘됩니다.

겔11:19 내가 그들에게 일치한 마음을 주고 그 속에 새 신을 주며 그 몸에서 굳은 마음을 제하고 부드러운 마음을 주어서

성삼위일체 하나님, 주님은 주님을 사랑하는 사람들의 마음을 하나가 되게 하셔서 세상을 밝혀 주십니다.

　주님, ○○ 곁에 언제나 믿음의 사람들이 있게 하시고, 믿음의 사람들과 하나가 되어 주의 뜻을 이루는 사람이 되게 하옵소서.

　믿음으로 축복하며 예수 그리스도의 이름으로 기도합니다. 아멘.

6일

우리 기다림의 한계란 없습니다.
주님께서 응답해 주시기 때문입니다.

겔12:25 나는 여호와라 내가 말하리니 내가 하는 말이 다시는 더디지 아니하고 응하리라 패역한 족속아 내가 너희 생전에 말하고 이루리라 나 주 여호와의 말이니라 하셨다 하라

하나님, ○○의 삶 속에 '한계'에 봉착했다는 고백이 나오지 않노록 응답하여 주옵소서.

○○가 한계라는 말을 할 때 스스로 구원에 이르고, 문제를 해결힐 수 없음을 고백하는 겸손의 표현이 되게 하시고, 한계라는 단어가 ○○의 삶의 단어장에는 존재하지도 않게 하옵소서.

믿음으로 축복하며 예수 그리스도의 이름으로 기도합니다. 아멘.

7일

주님의 계획과 역사하심은
우연히 벌어지는 법이 없습니다.

겔14:23 너희가 그 행동과 소위를 볼 때에 그들로 인하여 위로를 받고 내가 예루살렘에서 행한 모든 일이 무고히 한 것이 아닌 줄을 알리라 나 주 여호와의 말이니라

하나님의 역사하심은 허투루 있는 것이 아님을 믿습니다. 그러므로 항상 주님의 인도하심을 신뢰하는 ○○가 되게 하옵소서.

하나님께서 세우신 ○○를 위한 계획표 안에 소망과 믿음이 끊이지 않는 수업이 되게 하시고, ○○도 삶을 계획할 때에는 언제나 믿음이 중심에 자리 잡게 하옵소서.

축복하며 예수 그리스도의 이름으로 기도합니다. 아멘.

8일

약속은 기억되기에
재차 확인되는 법입니다.

겔16:60 그러나 내가 너의 어렸을 때에 너와 세운 언약을 기억하고 너와 영원한 언약을 세우리라

하나님, 저와 ○○에게 약속하신 모든 약속을 기억하여 주옵소서.

기억하시기에 오늘 또다시 확약하여 주옵소서.

○○는 하나님의 것입니다. ○○를 통해 하나님의 큰 역사를 이루신다고 약속하셨으니 이루어 주옵소서.

축복하며 예수 그리스도의 이름으로 기도합니다. 아멘.

9일

배신자의 마지막은
언제나 비극으로 끝나게 됩니다.

겔17:18 그가 이미 손을 내어 밀어 언약하였거늘 맹세를 업신여겨 언약을 배반하고 이 모든 일을 행하였으니 피하지 못하리라

약속을 지키시는 하나님, 이미 ○○에게 손 내밀어주심에 감사드립니다.

○○가 주께 맹세한 것들을 귀하게 여기고 배신하지 않는 자가 되게 하옵소서. ○○의 삶에도 배신이 없는 삶이 되게 하옵소서. 말한 바를 반드시 지키는 신의의 사람이 되게 하옵소서.

축복하며 예수 그리스도의 이름으로 기도합니다. 아멘.

10일

지금까지 걸어온 길이 아깝더라도,
잘못 왔으면 돌아가야 합니다.

겔18:30 나 주 여호와가 말하노라 이스라엘 족속아 내가 너희 각 사람의 행한 대로 국문할지라 너희는 돌이켜 회개하고 모든 죄에서 떠날 지어다 그리한즉 죄악이 너희를 패망케 아니하리라

하나님, 잘못된 줄 알았다면 즉시 돌이키는 ∞가 되게 하옵소서. 실수와 잘못에 대해 오기부리지 않게 하옵소서. 해왔던 일들이 아깝게 느껴진다 할지라도, 옳지 않다면 과감히 버리고 옳은 길을 가는 ∞가 되게 하옵소서.

　그렇게 살아가는 ∞의 삶이 주의 능력으로 영광된 삶이 되게 하옵소서.

　축복하며 예수 그리스도의 이름으로 기도합니다. 아멘.

11일

믿음을 드러내는 삶 속에
주님의 역사가 함께 임하십니다.

겔20:20 또 나의 안식일을 거룩하게 할지어다 이것이 나와 너희 사이에 표징이 되어 너희로 내가 여호와 너희 하나님인 줄 알게 하리라 하였었노라

하나님을 믿는 징표가 드러나게 하시고, 친구들과 이웃에게 그리스도인임을 자랑스럽게 나타내는 ○○가 되게 하옵소서.

주일이면 언제든 예배드리는 자리에 설 수 있게 하시고, 믿음을 드러내는 ○○가 되어 주위 사람들로부터 인정받게 하옵소서.

축복하며 예수 그리스도의 이름으로 기도합니다. 아멘.

12일

정의가 살아있음은
하나님께서 정의를 지켜주시기 때문입니다.

겔25:17 분노의 책벌로 내 원수를 그들에게 크게 갚으리라 내가 그들에게 원수를 갚은즉 그들이 나를 여호와인줄 알리라 하시니라

하나님, 은혜와 돌보심으로 우리에게 나타나실 뿐 아니라, 질서를 세우시고 악을 심판하심으로도 보여주시니 감사드립니다.

정의가 살아있음은 하나님께서 정의를 지켜주시기 때문입니다. ○○가 눈앞에 보이는 악의 득세 속에서도 의의 최후 승리를 믿고, 삶으로 고백하는 사람이 되게 하옵소서.

축복하며 예수 그리스도의 이름으로 기도합니다. 아멘.

13일

겸손과 순종의 완성이신
그리스도 예수의 마음을 품으십시오.

겔28:2 인자야 너는 두로 왕에게 이르기를 주 여호와의 말씀에 네 마음이 교만하여 말하기를 나는 신이라 내가 하나님의 자리 곧 바다 중심에 앉았다 하도다 네 마음이 하나님의 마음 같은 체할지라도 너는 사람이요 신이 아니어늘

교만이 패망의 길임을 알게 하시니 감사드립니다.

하나님, ○○가 하나님께서 가장 싫어하시는 교만은 버리게 하시고, 주님께서 가장 기뻐하시는 겸손을 지니게 하옵소서. 사람이 되시기까지 겸손하시고, 죽기까지 순종하셨던 예수님을 본받는 사람이 되게 하옵소서.

축복하며 예수 그리스도의 이름으로 기도합니다. 아멘.

14일
선 자는 넘어질까를 조심해야 합니다.

겔30:21 인자야 내가 애굽 왕 바로의 팔을 꺾었더니 칼을 잡을 힘이 있도록 그것을 그저 싸매지도 못하였고 약을 붙여 싸매지도 못하였느니라

주의 뜻에 벗어난 자는 스스로 강한 체하여도 하나님께서 그 팔을 꺾어 주십니다.

하나님, ○○가 지닌 재능을 사랑하지 않게 하시고, 교만하지 않게 하옵소서. 주님의 눈 밖에 난다면 일어설 힘조차 없도록 쓰러질 수 있기 때문입니다. 주님을 사랑하는 마음이 변치 않게 지켜 주옵소서.

축복하며 예수 그리스도의 이름으로 기도합니다. 아멘.

15일

절망의 바다 깊은 곳에 자리 잡고 있어도,
희망으로 이끌어 주십니다.

겔32:3 나 주 여호와의 말이여 내가 많은 백성의 무리를 거느리고 내 그물을 네 위에 치고 그 그물로 너를 끌어 오리로다

은혜의 주님, 절망의 바다 가장 깊은 곳에 자리 잡은 우리라 할지라도 주께서 그물을 내리시면 희망의 뭍으로 나올 수 있음을 믿습니다.

우리를 건지시는 주의 그물 속에 언제나 ○○가 있게 하옵소서. 주께서 ○○에게 희망의 뭍을 선물로 주옵소서.

축복하며 예수 그리스도의 이름으로 기도합니다. 아멘.

16일

멈춤이라는 표시 앞에서는
멈추어 서야 합니다.

겔33:11 주 여호와의 말씀에 나의 삶을 두고 맹세하노니 나는 악인의 죽는 것을 기뻐하지 아니하고 악인이 그 길에서 돌이켜 떠나서 사는 것을 기뻐하노라 이스라엘 족속아 돌이키고 돌이키라 너희 악한 길에서 떠나라 어찌 죽고자 하느냐 하셨다 하라

하나님, 부모가 ○○를 키울때, ○○가 뻔히 보이는 위험한 길을 갈 때면 소리질러 막는 것처럼, ○○가 주의 뜻에서 벗어나는 선택을 할 때에 주께서 막아주옵소서.

악의 출발점에서 멈추어 서서 주님을 바라보는 ○○가 되게 하옵소서. 참으로 삶을 생기 있게 살아가는 ○○가 되게 하옵소서.

축복하며 예수 그리스도의 이름으로 기도합니다. 아멘.

17일
혼돈 가운데도 목자가 있으면
질서가 잡히는 법입니다.

겔34:12 목자가 양 가운데 있는 날에 양이 흩어졌으면 그 떼를 찾는 것같이 내가 내 양을 찾아서 흐리고 캄캄한 날에 그 흩어진 모든 곳에서 그것들을 건져낼지라

믿음이 연약해져서 흩어졌을 때에 ○○를 불러주옵소서. 사춘기를 보내며 방황하는 순간에도, 세상의 벽이 너무 단단하여 갇혀있는 순간에도, 주님께서 찾아주시고, 건져주옵소서.

주의 건지심을 통해 삶을 다시 힘있게 살아가게 하옵소서.

축복하며 예수 그리스도의 이름으로 기도합니다. 아멘.

18일

내가 하지 않으면, 다른 이들을
통해서도 반드시 주님은 뜻을 이루십니다.

겔36:36 너희 사면에 남은 이방 사람이 나 여호와가 무
너진 곳을 건축하며 황무한 자리에 심은 줄 알리라 나
여호와가 말하였으니 이루리라

반드시 성취하시는 하나님, ○○를 통해 계획하
신 것들이 다른 이들을 통해 이루어지지 않도록
하옵소서.
　○○가 주께서 맡기신 일의 소중함을 알게 하
시고, 오직 주의 뜻대로 그렇게 살아감을 통해
하나님의 계획을 이루는 ○○가 되게 하옵소서.
　주의 언약을 소중히 여기고, 이루게 하옵소서.
　축복하며 예수 그리스도의 이름으로 기도합
니다. 아멘.

19일

회생 불가능한 것이라도
주의 영이 임하시면 다시 살 수 있습니다.

겔37:5 주 여호와께서 이 뼈들에게 말씀하시기를 내가 생기로 너희에게 들어가게 하리니 너희가 살리라

마른 뼈라 할지라도 주님의 생기가 들어가면 살아나고, 군대가 될 줄로 믿습니다.

○○가 더 이상 일어설 수 없을 것 같은 상황에서 주의 생기로 일어서게 하옵소서. 이전의 삶보다 더 큰 능력의 삶이 되게 하시고, 죽음의 길에서 돌아서면 새로운 인생이 되게 하옵소서.

축복하며 예수 그리스도의 이름으로 기도합니다. 아멘.

20일

둘이 하나가 되는 이유는,
원래 하나였기 때문입니다.

겔37:19 너는 곧 이르기를 주 여호와의 말씀에 내가 에브라임의 손에 있는 바 요셉과 그 짝 이스라엘 지파들의 막대기를 취하여 유다의 막대기에 붙여서 한 막대기가 되게 한즉 내 손에서 하나가 되리라 하셨다 하고

하나님, 갈라지고 무너졌던 것들이 ○○의 손을 통해 하나가 되게 하옵소서. 원수처럼 지내던 이들이 ○○의 조율을 통해 서로 이해하게 하시고, 모든 분쟁들 속에서 조정관의 역할을 감당하게 하옵소서.

특별히 통일을 준비하는 세대로서, 통일과정과 이후의 삶에 큰 역할을 하게 하옵소서.

축복하며 예수 그리스도의 이름으로 기도합니다. 아멘.

21일

헛된 망상이 아니라, 하나님께서 주시는
환상이기에 기대하며 힘을 냅니다.

겔38:9 네가 올라오되 너와 네 모든 떼와 너와 함께 한
많은 백성이 광풍같이 이르고 구름 같이 땅을 덮으리라

에스겔의 환상을 통해 말씀하신 하나님, ○○를
따르는 이들이 있게 하시고, 하나님의 뜻대로
살아가는 삶의 방식을 배우는 이들이 곁에 있게
하옵소서.

○○가 믿음의 운동, 정직함의 운동을 펴게 하시
고, 그것으로 인해 주님을 인정하는 이들이 구름
처럼 땅을 덮는 은혜와 역사가 있게 하옵소서.

축복하며 예수 그리스도의 이름으로 기도합
니다. 아멘.

22일
'하나님'을 부를 수 있는
것만으로도 큰 힘이 됩니다.

겔39:7 내가 내 거룩한 이름을 내 백성 이스라엘 가운데 알게 하여 다시는 내 거룩한 이름을 더럽히지 않게 하리니 열국이 나를 여호와 곧 이스라엘의 거룩한 자인 줄 알리라 하셨다 하라

주의 이름을 부르는 것이 우리에게 큰 은혜가 됩니다. 언제든 부르짖어 기도할 수 있게 하시니 감사드립니다.

○○에게도 모세에게서처럼, 조상들이 알지 못하던 하나님을 만나게 하시고, 이전에 경험하지 못했던 하나님의 역사하심과 은혜를 체험하게 하옵소서.

축복하며 예수 그리스도의 이름으로 기도합니다. 아멘.

23일
멀리 보고 싶다면,
높은 곳에 올라야 합니다.

겔40:2 하나님의 이상 중에 나를 데리고 그 땅에 이르러 나를 극히 높은 산 위에 내려 놓으시는데 거기서 남으로 향하여 성읍 형상 같은 것이 있더라

○○가 방황할 때면, 산을 오르게 하옵소서.

오르내리는 중에 하나님의 세밀한 살핌을 깨닫게 하시고, 정상에서 세상을 보다 크고 넓게 보게 하옵소서.

그곳에서 하나님의 뜻을 다시 깨닫게 하시고, 하루하루의 일들에 일희일비 하지 않게 하시고, 긴 호흡으로 인생을 살아가게 하옵소서.

축복하며 예수 그리스도의 이름으로 기도합니다. 아멘.

24일

'나'는 주님이 머무시는 처소입니다.

겔43:7 내게 이르시되 인자야 이는 내 보좌의 처소, 내 발을 두는 처소, 내가 이스라엘 족속 가운데 영원히 거할 곳이라 이스라엘 족속 곧 그들과 그 왕들이 음란히 행하며 그 죽은 왕들의 시체로 다시는 내 거룩한 이름을 더럽히지 아니하리라

주님이 게시는 곳, 모든 곳이 성전임을 고백합니다.

○○ 안에 내주하시는 하나님, 주의 발과 주의 보좌가 있는 곳이 오매 거룩하게 하며, 악으로 물들이지 않게 하옵소서. 주님과 함께 있는 곳, 그 어디든 천국임을 믿기에, 오늘도 주님 안에 거하길 애쓰는 ○○가 되게 하옵소서.

축복하며 예수 그리스도의 이름으로 기도합니다. 아멘.

25일

모든 불합리한 일들은
마침내 멈추는 때가 있게 됩니다.

겔45:9 나 주 여호와가 말하노라 이스라엘의 치리자들아 너희에게 족하니라 너희는 강포와 겁탈을 제하여 버리고 공평과 공의를 행하여 내 백성에게 토색함을 그칠지니라 나 주 여호와의 말이니라

지금의 불합리한 일들은 마침내 멈추게 될 것을 믿게 하옵소서.

　○○가 악을 따르지 않게 하시고, 권력의 하수인이 되지 않게 하옵소서. 하나님의 공의만을 나타내도록 하시고, 민주화를 이끌었던 위인들, 이 나라를 구했던 영웅들처럼, 크게 쓰임 받는 ○○가 되게 하옵소서.

　축복하며 예수 그리스도의 이름으로 기도합니다. 아멘.

함께 있을 때 두려움이 없기에,
믿음의 동역자들이 필요합니다.

단1:17 하나님이 이 네 소년에게 지식을 얻게 하시며 모든 학문과 재주에 명철하게 하신 외에 다니엘은 또 모든 이상과 몽조를 깨달아 알더라

지혜의 근원이 되시는 하나님, ○○가 다니엘과 세 친구들처럼, 믿음으로 함께 하는 친구들을 갖게 하옵소서.

평생을 살아가는 동안 늘 귀한 믿음의 동역자와 함께 하게 하옵소서. 믿음 가운데 주님께서 주시는 지혜로, 서로 의지하고 힘을 내어 신실함과 공의로 살아가게 하옵소서.

축복하며 예수 그리스도의 이름으로 기도합니다. 아멘.

27일

깊은 밤, 홀로 기도할 때에
하나님께서 응답하십니다.

단2:19 이에 이 은밀한 것이 밤에 이상으로 다니엘에게 나타나 보이매 다니엘이 하늘에 계신 하나님을 찬송하니라

은밀한 중에 오시는 하나님, ○○가 홀로 있을 때에도 주님 말씀하시고, ○○의 삶 속에서 이상과 지혜를 주옵소서.

다니엘처럼, 어두운 시대에 민족을 구원하는 지도자가 되게 하옵소서. 지도자의 길이 힘들고 외로울 때면, 언제나 주님을 바라봄으로 위로와 힘을 얻게 하옵소서.

축복하며 예수 그리스도의 이름으로 기도합니다. 아멘.

28일

어떤 상황에서든 주님께서는
우리에게 믿음의 해결을 원하십니다.

단3:18 그리 아니하실지라도 왕이여 우리가 왕의 신들을 섬기지도 아니하고 왕의 세우신 금 신상에게 절하지도 아니할 줄을 아옵소서

하나님, 우리가 주님의 지혜를 가지고 삶의 난제들을 풀게 하옵소서.

억울한 상황 속에서 하나님에 대한 의심을 갖게 될 때에, 다니엘의 세 친구들처럼, 주께서 돕지 아니하시더라도 주님을 버리지 않겠다는 결심을 하게 하옵소서. 그럴 때, 구원하시는 주의 손길을 크게 경험하게 하옵소서.

축복하며 예수 그리스도의 이름으로 기도합니다. 아멘.

29일

하나님이 지혜와 능력으로
충만해진 쓰임받는 사람이 됩니다.

단5:12 왕이 벨드사살이라 이름한 이 다니엘의 마음이 민첩하고 지식과 총명이 있어 능히 꿈을 해석하며 은밀한 말을 밝히며 의문을 파할 수 있었음이라 이제 다니엘을 부르소서 그리하시면 그가 그 해석을 알려 드리리이다

하나님, ○○에게 주신 하나님의 지혜를 다른 이들이 먼저 알아보게 하시고, ○○가 필요한 곳에 사용되게 하옵소서.

주님의 은혜로 ○○를 덮으셔서, 어느 곳에서건 중요한 일에 쓰임 받는 사람이 되게 하옵소서.

속한 곳곳마다 없어서는 안될 귀한 사람이 되게 하실 줄 믿음으로 축복하며 예수 그리스도의 이름으로 기도합니다. 아멘.

30일

온전한 믿음은
두려움을 물리칩니다.

단6:10 다니엘이 이 조서에 어인이 찍힌 것을 알고도 자기 집에 돌아가서는 그 방의 예루살렘으로 향하여 열린 창에서 전에 행하던 대로 하루 세 번씩 무릎을 꿇고 기도하며 그 하나님께 감사하였더라

하나님, ○○가 두려워할 이를 두려워하게 하옵소서. 오직 하나님을 두려워하기에 생명으로 이끄는 것이 아닌 모든 압력에 굴하지 않게 하옵소서.

그렇게 신실하게 하나님을 믿을 때, 도우시는 주의 능력을 언제나 펼쳐 보여주옵소서.

축복하며 예수 그리스도의 이름으로 기도합니다. 아멘.

31일

주님을 인정하는 삶은
내가 평안할 때만 하는 것이 아닙니다.

단9:4 내 하나님 여호와께 기도하며 자복하여 이르기를 크시고 두려워할 주 하나님, 주를 사랑하고 주의 계명을 지키는 자를 위하여 언약을 지키시고 그에게 인자를 베푸시는 자시여

하나님, ○○가 주님의 존귀하심을 인정하는 기도를 항상 드리게 하시고, 주의 도우심 가운데 있게 하옵소서.

특별히 어려움 중에도, 사자 굴속에서라도 믿음을 지켰던 다니엘의 믿음이 ○○에게 있게 하옵소서. 주님을 사랑하는 ○○이오니 언약을 지키시고, 인자를 베풀어 주옵소서.

축복하며 예수 그리스도의 이름으로 기도합니다. 아멘.

열한 번째 달의 기도

하나님께서 내 아이의 삶에
위험을 피할 수 있는 길로
인도하신다고 언약하셨습니다.

1일
하나님의 구원은 무기가 아니라
주님의 능력으로 이루어집니다.

호1:7 그러나 내가 유다 족속을 긍휼히 여겨 저희 하나님 여호와로 구원하겠고 활과 칼이나 전쟁이나 말과 마병으로 구원하지 아니하리라 하시니라

우리를 사랑하시는 하나님, 하나님의 구원은 사람이 보고 알 수 있는 방법을 뛰어 넘으십니다.

○○(내 자녀의 이름)를 인도하시는 하나님의 능력이 그렇기 때문에 ○○가 눈에 보이는 것들과 그 힘을 의지하지 않게 하옵소서.

믿음으로 서는 ○○가 되게 하실 줄로 믿으며, 축복하여 예수 그리스도의 이름으로 기도합니다. 아멘.

2일

하나님의 언약은
모든 창조세계에 임하십니다.

호2:18 그 날에는 내가 저희를 위하여 들짐승과 공중의 새와 땅의 곤충으로 더불어 언약을 세우며 또 이 땅에서 활과 칼을 꺾어 전쟁을 없이 하고 저희로 평안히 눕게 하리라

창조주이신 하나님, 전 지구 생명체와 언약을 맺으신 줄로 믿습니다.

○○가 창조세계 전체를 지키고 보호하는 사람이 되게 하옵소서. 일상의 삶에서도 실천하는 ○○가 되게 하셔서 주께서 맡기신 세상을 아름답게 보존하게 하옵소서.

믿음으로 축복하며 예수 그리스도의 이름으로 기도합니다. 아멘.

3일

신실한 사람을 지키고 보호하는 것이
우리가 해야할 일 가운데 하나입니다.

호3:5 그 후에 저희가 돌아와서 그 하나님 여호와와 그 왕 다윗을 구하고 말일에는 경외하므로 여호와께로 와 그 은총으로 나아가리라

하나님, ○○가 선하고 아름다운 것을 지키는 사람이 되게 하옵소서.

신실한 사람들이 무너지는 상황에서 거룩함을 지켜주는 버팀목이 되게 하옵소서.

믿음의 사람들이 힘겨워할 때마다 ○○가 힘이 되게 하옵소서.

믿음으로 축복하며 예수 그리스도의 이름으로 기도합니다. 아멘.

4일

우리가 가야 할
주님께서 원하시는 길이 있습니다.

호4:15 이스라엘아 너는 행음하여도 유다는 죄를 범치 말아야 할 것이라 너희는 길갈로 가지 말며 벧아웬으로 올라가지 말며 여호와의 사심을 가리켜 맹세하지 말지어다

우리를 인도하시는 하나님, 주님께서는 ○○에게 가기 원하시는 길이 있음을 믿습니다.

○○가 이웃의 삶을 따라 살지 않게 하옵소서. 감히 하나님의 이름을 걸고 맹세하지 않게 하시고, 주님께 약속한 것들에 대해서 지켜내며 살게 하옵소서.

믿음으로 축복하며 예수 그리스도의 이름으로 기도합니다. 아멘.

5일

교만은 우리를 넘어뜨립니다.

하나님, 우리의 얼굴은 우리가 살아온 증거가 됩니다.

○○의 얼굴에 ○○의 삶이 새겨질 때에, 근심의 주름이 아니라 온화한 미소가 깃들게 하옵소서.

○○의 얼굴만 보아도 행복감을 느끼는 사람이 되게 하옵소서.

믿음으로 축복하며 예수 그리스도의 이름으로 기도합니다. 아멘.

우리가 힘쓸 때 하나님께서는
당신을 계시하여 주심으로 응답하십니다.

호6:3 그러므로 우리가 여호와를 알자 힘써 여호와를
알자 그의 나오심은 새벽 빛 같이 일정하니 비와 같이,
땅을 적시는 늦은 비와 같이 우리에게 임하시리라 하
리라

하나님, 하나님을 아는 것이 모든 삶의 근원이
되는 ○○가 되게 하옵소서.
　하나님을 간절히 찾을 때면, 밤이 지난 뒤에
아침이 오듯 ○○에게 다가와 주옵소서.
　창조세계의 질서 속에서 하나님의 신실하심
을 날마다 발견하는 사람이 되게 하실 줄 믿으
며, 축복하여 예수 그리스도의 이름으로 기도합
니다. 아멘.

7일

형식은 내용을 담는 그릇이지,
내용 자체가 아닙니다.

호6:6 나는 인애를 원하고 제사를 원치 아니하며 번제보다 하나님을 아는 것을 원하노라

하나님, ○○가 형식에 갇혀 본질을 잊지 않게 하옵소서.

어떻게 삶을 꾸밀까를 고민하기보다 삶의 내용을 충실히 만들어 가는 ○○가 되게 하옵소서. 하나님께 예배 드릴 때에도, 중심이 하나님만 향하게 하옵소서.

축복하며 예수 그리스도의 이름으로 기도합니다. 아멘.

진실을 허영을 이깁니다.

호7:16 저희가 돌아오나 높으신 자에게로 돌아오지 아니하니 속이는 활과 같으며 그 방백들은 그 혀의 거친 말로 인하여 칼에 엎드러지리니 이것이 애굽 땅에서 조롱거리가 되리라

하나님, ○○가 없음에도 있는 척하지 않게 하시고, 신실한 사람이 되게 하옵소서.

친구들을 만나든, 어른을 만나든, 누구를 만나든 ○○의 진실함이 인정받게 하시고, 진실이 허영을 이김을 실천하는 삶이 되게 하옵소서.

축복하며 예수 그리스도의 이름으로 기도합니다. 아멘.

9일

진리는 따르는 자의 많고
적음에 달려있지 않습니다.

진리의 하나님, ○○가 사람들이 많은 곳을 쫓아다니는 인생이 되지 않게 하옵소서.

진리는 따르는 자의 많고 적음에 달려있지 않기에, 하나님의 진리를 따르는 삶이 소수라 할지라도 ○○는 당당히 그 삶을 선택하는 사람이 되게 하옵소서.

축복하며 예수 그리스도의 이름으로 기도합니다. 아멘.

10일
언제나 하나님의 은혜는
우리의 상상을 초월하십니다.

호9:10 옛적에 내가 이스라엘 만나기를 광야에서 포도를 만남 같이 하였으며 너희 열조 보기를 무화과 나무에서 처음 맺힌 첫 열매를 봄 같이 하였거늘 저희가 바알브올에 가서 부끄러운 우상에게 몸을 드림으로 저희의 사랑하는 우상 같이 가증하여졌도다

하나님, ○○기 도저히 생각지 못했던 곳에서도 주님을 만나게 하시고, ○○의 기대를 뛰어넘는 은혜를 주옵소서.

도무지 살아날 것 같지 않은 생명도 살리시는 하나님이시오니, ○○의 삶에 상황과 조건을 보면 불가능할 것처럼 보인다 할지라도, 가능케 되는 주의 은혜를 체험하게 하옵소서.

축복하며 예수 그리스도의 이름으로 기도합니다. 아멘.

11일

때를 아는 지혜는 꼭 필요합니다.
우리에게 '지금은' 언제나 하나님을 섬기는
가장 좋은 때입니다.

호10:12 너희가 자기를 위하여 의를 심고 긍휼을 거두라 지금이 곧 여호와를 찾을 때니 너희 묵은 땅을 기경하라 마침내 여호와께서 임하사 의를 비처럼 너희에게 내리시리라

시간을 창조하신 하나님, ○○가 지금이 무엇을 해야 하는 때인지, 주님의 카이로스를 알게 하옵소서.

다른 사람들이 손대지 않았던 미지의 영역을 탐구하는 지혜를 주시고, 인류의 행복에 이바지하는 사람이 되게 하옵소서.

축복하며 예수 그리스도의 이름으로 기도합니다. 아멘.

주님이 우리를 훈련시키시고,
이끄시는 이유는 하나님과
사랑의 관계를 맺기 위해서입니다.

호11:4 내가 사람의 줄 곧 사랑의 줄로 저희를 이끌었고 저희에게 대하여 그 목에서 멍에를 벗기는 자 같이 되었으며 저희 앞에 먹을 것을 두었었노라

하나님, 사람들이 소의 코에 뚜레를 꿰어 훈련시키는 건, 궁극적인 목적이 소와의 소통, 사랑을 나누기 위함임을 깨닫습니다.

하나님께서 ○○를 훈련시키시고, 이끌어주시는 이유 역시, ○○와의 사랑의 관계 때문임을 믿습니다.

○○가 하나님께서 인도하시는 대로 살아가게 하옵소서.

축복하며 예수 그리스도의 이름으로 기도합니다. 아멘.

13일

항상 바라볼 때,
더 큰 도움이 임하는 법입니다.

호12:6 그런즉 너의 하나님께로 돌아와서 인애와 공의를 지키며 항상 너의 하나님을 바라볼지니라

하나님, 밤하늘에 떨어지는 유성을 보기 위해서는 항상 바라보아야 하듯이, ○○가 항상 주를 바라봄으로 하나님의 도우심을 입는 자가 되게 하옵소서.

해바라기가 해를 따라 얼굴을 들듯, ○○가 주를 따라 낯을 들게 하시고, 주를 볼 때마다 ○○에게 은혜 내려 주옵소서.

축복하며 예수 그리스도의 이름으로 기도합니다. 아멘.

14일

욕심은 우리 삶에
만족과 감사를 빼앗는 감옥입니다.

호13:6 저희가 먹이운 대로 배부르며 배부름으로 마음이 교만하여 이로 인하여 나를 잊었느니라

하나님, ○○가 많이 가지고 있을 때는 기분이 좋고, 가진 것이 적을 때는 우울한 욕심 가운데 있지 않게 하옵소서.

가진 것이 아니라, 바울의 고백처럼, 자족하는 비결을 배우고 익히게 하옵소서.

○○의 삶에 가장 좋은 하나님께서 떠나지 아니하심을 믿음으로 축복하며 예수 그리스도의 이름으로 기도합니다. 아멘.

15일

그늘엔 온기가 덜하긴 하지만,
빛마저 사라진 것은 아닙니다.

호14:7 그 그늘 아래 거하는 자가 돌아올지라 저희는 곡식 같이 소성할 것이며 포도나무 같이 꽃이 필 것이며 그 향기는 레바논의 포도주같이 되리라

하나님, 사회의 어둠이 만든 그늘에 온기가 없다 할지라도, 빛마저 사라진 것은 아님을 깨닫게 하옵소서.

○○의 인생에 그늘진 날이 온다 할지라도, 주의 빛을 보며 양지로 나서게 하옵소서.

지혜를 주시되, ○○가 그늘 아래 있어도 주의 온기를 느끼게 하옵소서.

축복하며 예수 그리스도의 이름으로 기도합니다. 아멘.

16일

채움은 불편한 포만감을 주고,
비움은 영적 깨달음을 줍니다.

욜1:14 너희는 금식일을 정하고 성회를 선포하여 장로
들과 이 땅 모든 거민을 너희 하나님 여호와의 전으로
몰수히 모으로 여호와께 부르짖을지어다

하나님, ○○가 채움으로 만족을 얻기보다 비움
을 통해 더 큰 감격을 누리게 하옵소서.
　가득 채워 불편한 포만감에 살지 않게 하시
고, 비움을 통해 알맞게 채우시는 하나님의 은
혜 가운데 거하게 하옵소서.
　축복하며 예수 그리스도의 이름으로 기도합
니다. 아멘.

17일
불안하기에 더욱 간절히
주님을 붙들 수 있습니다.

욜1:19 여호와여 내가 주께 부르짖으오니 불이 거친 들의 풀을 살랐고 불꽃이 밭의 모든 나무를 살랐음이니이다

하나님, 불안하다는 것은 하나님을 붙잡는 힘이 되기도 합니다.

○○에게 불안이 찾아올 때, 두려움에 사로잡히지 않게 하옵소서. 불안하기에 더욱 간절히 하나님을 붙들게 하시고, 주님께서 주시는 평안과 위로가 임하여 안정을 얻게 하옵소서.

축복하며 예수 그리스도의 이름으로 기도합니다. 아멘.

18일

우리는 하나님의
명령을 행하는 특사입니다.

욜2:11 여호와께서 그 군대 앞에서 소리를 발하시고 그 진은 심히 크고 그 명령을 행하는 자는 강하니 여호와의 날이 크고 심히 두렵도다 당할 자가 누구이랴

명하시는 하나님, 주님께서는 명령을 내리시고, 그에 따른 능력도 주시는 분이심을 믿습니다.

○○가 주님의 명령을 행하는 사람이 되게 하옵소서. 주님의 특사로서 이 세상에 덕을 끼치는 사람이 되게 하시고, 명령을 잘 수행할 수 있도록 능력을 주옵소서.

축복하며 예수 그리스도의 이름으로 기도합니다. 아멘.

19일

뜨거운 열정은
모든 불순물을 녹이는 힘이 있습니다.

욜2:18 그때에 여호와께서 자기 땅을 위하여 중심이 뜨거우시며 그 백성을 긍휼히 여기실 것이라

우리를 향하신 하나님의 뜨거운 열정에 감사드립니다.

주님, ○○가 열정의 사람이 되게 하옵소서. 뜨거운 열정은 성취를 이루는 힘이 되기에, 모든 불순물을 녹여 순전케 하는 힘이 있기에, 주님의 열정을 마음에 품는 사람이 되게 하옵소서.

축복하며 예수 그리스도의 이름으로 기도합니다. 아멘.

20일

주의 영이 임하시면,
장래의 희망을 보게 됩니다.

욜2:28 그 후에 내가 내 신을 만민에게 부어 주리니 너희 자녀들이 장래 일을 말할 것이며 너희 늙은이는 꿈을 꾸며 너희 젊은이는 이상을 볼 것이며

하나님, ○○가 장래의 희망을 말하는 사람, 이상을 보는 사람이 되게 하옵소서.

주께서 부어주시는 성령의 능력으로 내일을 예측하며 오늘을 준비하는 사람이 되게 하옵소서.

급변하는 세상 속에서 뒤쳐지기보다 한치 앞을 내다보며 앞서 이끄는 사람이 되게 하옵소서.

축복하며 예수 그리스도의 이름으로 기도합니다. 아멘.

21일

우리의 기대에 응답하시는
하나님이 함께 하십니다.

하나님, ○○가 사람들로 실망에 너무 지쳐서 더 이상 아무 기대도 하지 않겠다고 고백하는 순간에 특별히 함께 하옵소서.

주님께서 임하시기에 우리의 억울함이 풀리게 됨을 믿습니다.

하나님의 사랑하심을 깨닫고 오늘의 억울함을 이겨내게 하옵소서.

축복하며 예수 그리스도의 이름으로 기도합니다. 아멘.

22일

하나님은 믿음의 사람들을 통해
위험을 피하게 도우십니다.

암3:7 주 여호와께서는 자기의 비밀을 그 종 선지자들
에게 보이지 아니하시고는 결코 행하심이 없으시리라

말씀하시는 하나님, 소돔과 고모라를 멸망시키
실 때에도 아브라함에게 알려주신 것처럼, 위기
앞에서 ○○를 일깨워 주셔서 위험을 피하게 하
옵소서.

사고가 있기 전에 피할 길을 보여주시고, 사
위가 막혀있을 때에는 솟아오를 날개를 달아주
옵소서.

축복하며 예수 그리스도의 이름으로 기도합
니다. 아멘.

23일

우리를 도우시는 하나님은
손 털고 일어서는 법이 없으십니다.

암3:12 여호와께서 가라사대 목자가 사자 입에서 양의 두 다리나 귀 조각을 건져냄과 같이 사마리아에서 침상 모퉁이에나 걸상에 비단 방석에 앉은 이스라엘 자손이 건져냄을 입으리라

구원의 하나님, 이미 사자 입에 들어간 양을 구해내는 목자처럼, 스스로도 포기하는 상황 속에서도 OO를 구원하옵소서.

하나님께서는 어떤 상황에서도 OO를 결코 포기하지 않으실 줄로 믿습니다. 하나님께서 함께하시기에 건강한 삶, 복된 삶이 되게 하옵소서.

축복하며 예수 그리스도의 이름으로 기도합니다. 아멘.

재앙을 선포하시는 하나님의 중심에
흐르는 뜨거운 눈물을 기억하십시오.

암4:2 주 여호와께서 자기의 거룩함을 가리켜 맹세하되 때가 너희에게 임할지라 사람이 갈고리로 너희를 끌어 가며 낚시로 너희의 남은 자들을 그리하리라

하나님, 우리는 결코 하나님의 손을 놓을 수 없습니다.

○○가 자라면서 때로 절망의 소리를 듣기도 하겠지만, 결코 주님의 손을 놓지 않게 하옵소서. 비관적인 상황들이 앞에 펼쳐질 때면, 손 놓고 멍하게 있는 것이 아니라, 더욱더 주님께 매달리는 사람이 되게 하옵소서.

주님 안에 구원이 있기 때문입니다.

축복하며 예수 그리스도의 이름으로 기도합니다. 아멘.

25일

하나님을 만나는 삶에도
준비가 필요합니다.

암4:12 그러므로 이스라엘아 내가 이와 같이 네게 행하리라 내가 이것을 네게 행하리니 이스라엘아 네 하나님 만나기를 예비하라

우리와 만나주시는 하나님, ○○가 사랑하는 사람을 만나듯, 설렘과 자신을 가꿈으로 주님과의 만남을 준비하게 하옵소서.

아무 생각 없이 맞닥뜨리는 주님이 아니라, 주님과의 만남을 기대함으로 준비케 하옵소서. 기름을 준비한 슬기로운 열 처녀처럼, 언제나 준비성이 충실한 사람이 되게 하옵소서.

축복하며 예수 그리스도의 이름으로 기도합니다. 아멘.

<h1 style="text-align:center">26일</h1>

<h2 style="text-align:center">진정으로 살리는 행동은
선을 행하는 것입니다.</h2>

암5:14 너희는 살기 위하여 선을 구하고 악을 구하지 말지어다 만군의 하나님 여호와께서 너희의 말과 같이 너희와 함께 하시리라

하나님, 주님께서 주시는 영원한 생명을 위하여 선을 구하는 ○○가 되게 하옵소서.

○○가 참으로 사람답게, 하나님이 사람답게 살기 위해 하나님의 말씀과 함께 있게 하옵소서.

선하게 행동하는 일에 사람들이 악으로 갚는다 할지라도, 하나님께서 더 큰 은혜로 갚아주실 줄로 믿습니다.

축복하며 예수 그리스도의 이름으로 기도합니다. 아멘.

27일

한 순간에 무너질 수 있는 집에
우리 전 생을 바칠 수는 없는 일입니다.

암6:11 보라 여호와께서 명하시므로 큰 집이 침을 받아
갈라지며 작은 집이 침을 받아 터지리라

진리의 하나님, 하나님 명령하시면, 공든 탑도
무너지게 되어 있습니다.

　○○가 스스로 교만하지 않게 하시고, 하늘 높
이 쌓기보다 주님 앞에 겸손한 자가 되게 하옵
소서.

　한순간에 무너질 수 있는 물질에 자신의 인생
을 허비하지 않게 하시고, 선과 의를 이루는 사
람이 되게 하옵소서.

　축복하며 예수 그리스도의 이름으로 기도합
니다. 아멘.

28일

하나님께서 징계를 결정하셨어도,
우리 돌이킴을 보시고 취하하십니다.

암7:3 여호와께서 이에 대하여 뜻을 돌이켜 가라사대
이것이 이루지 아니하리라 하시니라

멸망의 뜻을 돌이키시는 하나님, ○○를 향한 하나님의 징벌을 돌이키시고, 주의 은혜를 내려주옵소서.

주님의 사랑으로만 살아가는 ○○가 되게 하옵소서. 주님의 징계는 때로 두렵사오니, ○○를 은혜와 사랑으로, 자비와 돌보심으로 키워 주옵소서.

축복하며 예수 그리스도의 이름으로 기도합니다. 아멘.

29일

우리가 회개할 때
주님은 모든 죄악을 도말해주십니다.

암8:8 여호와께서 야곱의 영광을 가리켜 맹세하되 내가 저희의 모든 소위를 영영 잊지 아니하리라 하셨나니

하나님, ○○의 행실 가운데 하나님을 기쁘시게 하였던 행실은 잊지 말아 주옵시고, ○○의 죄악은, ○○가 회개하는 순간, 동에서 서를 향해서 달려간다 할지라도 서의 끝 지점을 만날 수 없는 것처럼, 주의 은혜로 도말하여 주옵소서.

오직 주님의 기억 속에서 ○○의 신실함만을 새겨주옵소서.

축복하며 예수 그리스도의 이름으로 기도합니다. 아멘.

30일

주님의 높으심은 겸손히 행하는 우리에게
환난 중에 외칠 수 있는 히든카드가 됩니다.

암9:6 그 전을 하늘에 세우시며 그 궁창의 기초를 땅에
두시며 바다 물을 불러 지면에 쏟으시는 자니 그 이름
은 여호와시니라

사람의 능력으로 닿을 수 없는 곳에 계시는 하
나님, ○○가 주님은 높고 나는 낮음을 고백하며
살아가게 하옵소서.
　물이 위에서 아래로 떨어지듯이, ○○가 하나
님의 은혜를 위로부터 덧입게 하옵소서.
　문제를 만날 때마다 하늘을 우러러 기도하는
사람이 되게 하옵소서.
　축복하며 예수 그리스도의 이름으로 기도합
니다. 아멘.

31일
하나님의 때가 이르면, 황폐하던
모든 것에 회복의 역사가 일어납니다.

암9:11 그 날에 내가 다윗의 무너진 천막을 일으키고 그 틈을 막으며 그 퇴락한 것을 일으켜서 옛적과 같이 세우고

무너진 장막을 다시 세워주시는 하나님, 하나님의 때를 잠잠히 기다리는 ○○가 되게 하옵소서.

지금 당장은 힘겨운 상황이라 할지라도, 하나님의 때를 기다리며 겸손히 주를 바라는 ○○가 되게 하시고, ○○의 생각보다 이른 시간에 하나님의 손길을 내밀어 주옵소서.

믿음으로 축복하며 예수 그리스도의 이름으로 기도합니다. 아멘.

열두 번째 달의 기도

하나님께서는 회복을 명하시고,
내 아이의 삶에 충만함을 언약하셨습니다.

1일

이웃의 어려움을
방관하지 않는 삶이 믿는 자의 삶입니다.

옵1:13 내 백성이 환난을 당하는 날에 네가 그 성 문에 들어가지 않을 것이며 환난을 당하는 날에 네가 그 고난을 방관하지 않을 것이며 환난을 당하는 날에 네가 그 재물에 손을 대지 않을 것이며

하나님, ○○(내 자녀의 이름)가 남을 도움으로 더 크게 돌아오는 감동을 누리게 하옵소서.

가난한 이들을 돕되, 그들의 협력과 사랑을 본받게 하시고, 고난 가운데 있는 이들을 돕되, 고난을 이겨내는 지혜를 배우게 하옵소서.

나눔을 통해 큰 행복을 누리는 ○○가 되게 하실 줄 믿사오며 축복하며 예수 그리스도의 이름으로 기도합니다. 아멘.

2일

주님께서 우리에게 주시는
복과 화는 잘못 배송되는 일이 없습니다.

욘1:14 무리가 여호와께 부르짖어 가로되 여호와여 구하고 구하오니 이 사람의 생명 까닭에 우리를 멸망시키지 마옵소서 무죄한 피를 우리에게 돌리지 마옵소서 주 여호와께서는 주의 뜻대로 행하심이니이다 하고

언제나 정확하신 하나님, 하나님으로부터 내려오는 복과 화는 잘못 배송되는 일이 없습니다.

○○에게 주시는 것은 언제나 복이 되게 하옵소서. 주님의 뜻대로 이루어지는 삶의 결과들은 언제나 ○○에게 힘이 되기 때문입니다.

○○를 축복하며 예수 그리스도의 이름으로 기도합니다. 아멘.

3일

고난이 우리를 삼킬 때에
주님께서 우리를 구원하여 꺼내주십니다.

욘2:2 가로되 내가 받는 고난을 인하여 여호와께 불러 아뢰었삽더니 주께서 내게 대답하셨고 내가 스올의 뱃 속에서 부르짖었삽더니 주께서 나의 음성을 들으셨나 이다

주님, ○○가 밤새 뒤척이며 아파할 때, 주님께서 엎어주시는 손길로 나음을 얻게 하옵소서.

고난이 ○○를 삼켜 절망 속에 던져 넣을 때에는, 요나를 뱃속에서 꺼내주신 것처럼, 구원하시는 은혜를 누리게 하옵소서.

축복하며 예수 그리스도의 이름으로 기도합니다. 아멘.

4일
구원이 주님께 있는 것만으로
우리에게 감사가 됩니다.

욘2:9 나는 감사하는 목소리로 주께 제사를 드리며 나의 서원을 주께 갚겠나이다 구원은 여호와께로서 말미암나이다 하니라

하나님, ○○가 구원이 주님께 달려 있음을 알기에 주님을 바라보는 자가 되게 하옵소서.

주님의 구원은 참된 것으로의 회복을 뜻하는 것이기에, 갈라지고 나뉘어졌던 관계도, 사랑으로 회복되는 은혜를 누리게 하옵소서.

축복하며 예수 그리스도의 이름으로 기도합니다. 아멘.

5일

우리에게 임박하게 찾아오는 심판도,
돌이키는 순간 멈춰서게 됩니다.

욘3:10 하나님이 그들의 행한 것 곧 그 악한 길에서 돌이켜 떠난 것을 감찰하시고 뜻을 돌이키사 그들에게 내리리라 말씀하신 재앙을 내리지 아니하시니라

니느웨가 회개하는 순간 멸망의 뜻을 돌이키신 주님, ○○가 언제나 하나님 앞에서 긍휼히 여김을 받게 하옵소서.

먼저, ○○가 하루를 돌아보는 매일 밤이면, 행실을 돌아보아 경건치 못했던 삶을 회개하게 하시고, 그날의 죄악이 다음 날의 삶에 영향을 끼치지 않도록 은혜 내려주옵소서.

믿음으로 축복하며 예수 그리스도의 이름으로 기도합니다. 아멘.

6일

하나님의 징벌은 주님께로
돌아오게 하시기 위한 사랑입니다.

욘4:11 하물며 이 큰 성읍, 니느웨에는 좌우를 분변치 못하는 자가 십이만 여명이요 육축도 많이 있나니 내가 아끼는 것이 어찌 합당치 아니하냐

하나님, 니느웨를 통해, 하나님의 뜻이 멸망과 재앙이 아니었음을 알게 하시니 감사드립니다.

○○를 향한 회초리도 ○○를 사랑하시기에 드시는 줄로 믿습니다.

○○가 주의 매를 맞기 선에 주님을 더 사랑하게 하시고, 주님의 칭찬을 기록하기에도 노트가 부족할 지경이 되게 하옵소서.

축복하며 예수 그리스도의 이름으로 기도합니다. 아멘.

7일

경청은 힘겨운 다리를
건네주는 힘이 있습니다.

미1:2 백성들아 너희는 다 들을지어다 땅과 거기 있는 모든 것들아 자세히 들을지어다 주 여호와께서 너희에게 대하여 증거하시되 곧 주께서 성전에서 그리하실 것이니라

하나님, 고된 산길도, 힘겨운 행군도 함께 하는 이들과 이야기를 주고받으면 힘겨움이 사라짐을 경험합니다.

○○가 고된 인생 길, 산적한 문제들 앞에서 하나님을 듣게 하옵소서. 하나님의 말씀에 귀 기울이는 가운데 문제를 쉬이 넘어서게 하옵소서.

축복하며 예수 그리스도의 이름으로 기도합니다. 아멘.

8일

잠들기 전 악을 꿈꾸면 다음날 악을 행하고,
거룩을 꿈꾸면 다음날 거룩을 행하게 됩니다.

미2:1 침상에서 악을 꾀하며 간사를 경영하고 날이 밝으면 그 손에 힘이 있으므로 그것을 행하는 자는 화 있을진저

하나님, ○○가 하루를 마치고 잠들기 전에는 언제나 이렇게 주님께 기도하는 사람이 되게 하옵소서.

꿈속에서라도 악한 생각이 아니라, 거룩을 꿈꾸게 하옵소서. 긴긴 밤을 주님과 동행함으로 행복하게 하시고, 내일의 삶에 거룩과 평안이 나타나게 하옵소서.

축복하며 예수 그리스도의 이름으로 기도합니다. 아멘.

9일
하나님의 영이 임하시면
권능이 나타납니다.

미3:8 오직 나는 여호와의 신으로 말미암아 권능과 공의와 재능으로 채움을 얻고 야곱의 허물과 이스라엘의 죄를 그들에게 보이리라

하나님, ○○ 위에 주님의 영을 부어주옵소서.

권능과 공의, 재능으로 채움을 얻게 하옵소서. 주께서 주시는 능력으로 세상에 하나님의 공의를 나타내게 하시고, ○○의 입에서 나오는 소리마다 권능의 소리. 위엄의 소리가 되게 하옵소서.

축복하며 예수 그리스도의 이름으로 기도합니다. 아멘.

10일

모든 것을 잃어도
하나님만 잃지 않으면 됩니다.

미4:7 그 저는 자로 남은 백성이 되게 하며 멀리 쫓겨났던 자로 강한 나라가 되게 하고 나 여호와가 시온산에서 이제부터 영원까지 그들을 치리하리라 하셨나니

하나님, 건강을 잃고, 재물을 잃고, 사람을 잃고 산다는 것은 참으로 힘겹습니다.

그러나 하나님마저 잃는다면, 그야말로 절망임을 고백합니다.

○○가 어떤 상황에서도 하나님을 잃지 않게 하옵소서. 하나님만 붙잡고 있으면, 잃어버린 것보다 더 좋은 것들로 회복시켜 주실 줄로 믿습니다.

축복하며 예수 그리스도의 이름으로 기도합니다. 아멘.

11일

크기를 재는 기준점이
달라져야 합니다.

미5:2 베들레헴 에브라다야 너는 유다 족속 중에 작을 지라도 이스라엘을 다스릴 자가 네게서 내게로 나올 것이라 그의 근본은 상고에, 태초에니라

하나님, 얼마나 많이 가졌는가, 얼마나 높은 위치에 있는가로 사람을 판가름하고 평가하는 세상이지만, ○○가 이런 평가에 흔들리지 않게 하옵소서.

생명이 그 소유의 넉넉한 데 있는 것이 아니기에, 하나님의 기준에 맞는 ○○가 되게 하시고, 하나님의 손 써주심을 의지하는 ○○가 되게 하옵소서.

축복하며 예수 그리스도의 이름으로 축복합니다. 아멘.

12일

든든한 빽이 있다는 생각만으로도
우리 어깨에는 힘이 들어가는 법입니다.

미5:4 그가 여호와의 능력과 그 하나님 여호와의 이름
의 위엄을 의지하고 서서 그 떼에게 먹여서 그들로 안
연히 거하게 할 것이라 이제 그가 창대하여 땅 끝까지
미치리라

하나님, ○○가 그네를 탈 때 뒤에서 밀어주는 부
모가 있기에 안심하고 용기를 내듯, 하나님께서
○○를 보호하고 계심을 의지함으로 자신의 삶
속에서도 당당함이 있게 하옵소서.
　주님을 든든한 빽으로 믿고, 어느 상황에서건
주눅 들지 않는 사람이 되게 하옵소서.
　축복하며 예수 그리스도의 이름으로 기도합
니다. 아멘.

13일

나보다 남을 돌보는 삶을 살 때,
우리 삶은 주님께서 책임져 주십니다.

미6:8 사람아 주께서 선한 것이 무엇임을 네게 보이셨나니 여호와께서 네게 구하시는 것이 오직 공의를 행하며 인자를 사랑하며 겸손히 네 하나님과 함께 행하는 것이 아니냐

오 주님, ○○가 오늘 하루는 자기보다 남을 돌보는 일을 하게 하옵소서.

○○가 자기를 돌보는 것만으로 시간이 부족하고 에너지가 부족하다고 염려하지 않게 하옵소서. 타인을 돌보는 삶을 살아가는 ○○의 인생을 주께서 직접 돌보아 주옵소서.

○○의 섬김 속에 주의 은혜가 깃들길 축복하며 예수 그리스도의 이름으로 기도합니다. 아멘.

14일

우리는 넘어져도
주님의 손길로 다시 일어설 수 있습니다.

미7:8 나의 대적이여 나로 인하여 기뻐하지 말지어다 나는 엎드러질지라도 일어날 것이요 어두운데 앉을지라도 여호와께서 나의 빛이 되실 것임이로다

하나님, ○○가 자라면서 걷기 위해 수없이 넘어지는 경험을 기억하게 하옵소서.

하나님께서 다시 일으켜 세우시고, 어둠 속에서 빛이 되어주심을 믿고, 주님께서 주시는 힘으로 다시 일어서게 하옵소서. 넘어지는 것을 두려워하지 말게 하시고, 다시 일어설 수 있는 힘을 주옵소서.

축복하며 예수 그리스도의 이름으로 기도합니다. 아멘.

15일

주님께서 노를 항상 품지 않으시니,
우리도 분노를 가라앉혀야 합니다.

미7:18 주와 같은 신이 어디 있으리이까 주께서는 죄악을 사유하시며 그 기업의 남은 자의 허물을 넘기시며 인애를 기뻐하심으로 노를 항상 품지 아니하시나이다

하나님, 주님께서 우리에게 노를 항상 품지 않으시고, 인애와 자비를 베푸시는 것처럼, ○○도 세상을 향해, 원수를 향해 분노를 품기보다 인애와 자비를 베풀게 하옵소서.

악에 굴복하는 삶이 아니라, 힘이 있기에 넉넉한 삶이 되게 하옵소서.

축복하며 예수 그리스도의 이름으로 기도합니다. 아멘.

16일

환난 때에는 성 안으로 도피해서
다음을 모색해야 합니다.

나1:7 여호와는 선하시며 환난 날에 산성이시라 그는 자기에게 의뢰하는 자들을 아시느니라

하나님, ○○에게 나설 때와 물러설 때를 구분하는 지혜를 주옵소서.

뒤로 물러나 상황을 볼 줄 아는 여유 있는 눈과 마음을 허락하시고, 아집을 피워가며 진진하지 않게 하옵소서.

환난 날에 산성이 되시는 주님 안에서 쉼과 재충전을 갖게 하시고, 이후에 더 큰 걸음을 내딛는 ○○가 되게 하옵소서.

축복하며 예수 그리스도의 이름으로 기도합니다. 아멘.

17일

회복은 이전 상태로 돌이키는 것
이상의 의미가 있습니다.

나2:2 여호와께서 야곱의 영광을 회복하시되 이스라엘의 영광 같게 하시나니 이는 약탈자들이 약탈하였고 또 그 포도나무 가지를 없이 하였음이라

하나님, ○○가 삶을 살아가면서 실패를 경험하기 전에 하나님의 영광을 맛보게 하옵소서.

그로 인해 이후의 삶 속에 무너지는 때가 있다 할지라도, 경험했던 하나님의 영광을 소망하며 회복을 꿈꾸게 하시고, 기도하게 하옵소서. 회복은 이전 상태로 돌아가는 것 이상의 의미가 있기 때문입니다.

축복하며 예수 그리스도의 이름으로 기도합니다. 아멘.

18일
지나침은 늘 문제를 야기합니다.

합1:11 그들은 그 힘으로 자기 신을 삼는 자라 이에 바람 같이 급히 몰아 지나치게 행하여 득죄하리라

하나님, ○○가 균형 잡힌 삶을 살게 하옵소서. 너무 열심을 내어 탈진하지 않게 하시고, 너무 안 일하여 게으르지 않게 하옵소서.

좌우의 균형을 맞추어 건강한 삶을 살게 하시고, 아이가 있는 곳에는 언제나 평온이 있게 하옵소서.

축복하며 예수 그리스도의 이름으로 기도합니다. 아멘.

19일

우리 생명을 지켜주는 생명줄은
하나님을 신뢰하는 믿음입니다.

합2:4 보라 그의 마음은 교만하며 그의 속에서 정직하지 못하니라 그러나 의인은 그 믿음으로 말미암아 살리라

하나님, 등반하는 이들의 생명을 지켜주는 자일처럼, ○○의 생명을 지키는 믿음을 잃지 않게 하옵소서.

○○가 믿음의 소중함을 알고 아끼게 하시고, 아끼고 간직하는 중에 믿음의 능력을 체험하게 하옵소서.

축복하며 예수 그리스도의 이름으로 기도합니다. 아멘.

20일

빈틈이 없이 채워질 때까지
하나님께서 역사하십니다.

합2:14 대저 물이 바다를 덮음 같이 여호와의 영광을 인정하는 것이 세상에 가득하리라

채우시는 하나님, ○○의 마음속에 다른 어떤 것이 끼어들 틈이 없도록 하나님으로만 가득 채우게 하옵소서.

거대한 댐도 작은 구멍 하나로 무너지는 법이오니, ○○가 무너지지 않도록 성령으로 가득 채워주옵소서.

축복하며 예수 그리스도의 이름으로 기도합니다. 아멘.

21일
하나님께서 우리에게
깜짝 놀랄만한 일들을 보여주십니다.

합3:2 여호와여 내가 주께 대한 소문을 듣고 놀랐나이다 여호와여 주는 주의 일을 이 수년 내에 부흥케 하옵소서 이 수년 내에 나타내시옵소서 진노 중에라도 긍휼을 잊지 마옵소서

능력의 주님, ○○가 하나님께서 행하신 일들로 놀라움과 경외감을 표하게 하옵소서.

○○의 삶에 주님의 뜻을 먼 미래가 아니라 가까운 시일 안에 이루어 주옵소서. ○○는 오직 하나님의 능력 안에 붙들려 있습니다. 주께서 마음껏 사용하시되, 복된 삶이 되게 하실 줄 믿습니다.

축복하며 예수 그리스도의 이름으로 기도합니다. 아멘.

22일

우리가 기뻐하는 이유는
나를 사랑하시는 하나님 때문입니다.

합3:18 나는 여호와를 인하여 즐거워하며 나의 구원의
하나님을 인하여 기뻐하리로다

하나님, ○○가 믿음의 조건으로 받은 은혜와 복을 내세우지 않게 하옵소서.

주님께서 주시는 것에 감사하지만, 더 큰 감사와 기쁨은 주께서 ○○를 사랑하시기 때문이 되게 하옵소서. 더불어 부모가 해준 것 때문이 아니라, 부모의 사랑에 감사하며 기뻐하는 사람이 되게 하옵소서.

축복하며 예수 그리스도의 이름으로 기도합니다. 아멘.

23일

불평과 불만의 소리는 문제가
해결되는 순간 잠잠해집니다.

습1:17 주 여호와 앞에서 잠잠할지어다 이는 여호와의 날이 가까웠으므로 여호와가 희생을 준비하고 그 청할 자를 구별하였음이니라

모든 입술을 잠잠게 하시는 하나님, 이런 저런 불평과 불만이 있어도, 겪는 문제가 해결되면 잠잠해지는 것이 우리들입니다.

○○가 삶의 불평과 불만을 가지게 되어도, 오래 가지 않게 하시고, 해결해주시는 주님의 은혜로 언제나 주의 택함을 받는 자가 되게 하옵소서.

믿음으로 축복하며 예수 그리스도의 이름으로 기도합니다. 아멘.

24일

주님의 계획은 악한 세상에서
우리를 살리시고 보호하시는 것입니다.

습2:3 여호와의 규례를 지키는 세상의 모든 겸손한 자들아 너희는 여호와를 찾으며 공의와 겸손을 구하라 너희가 혹시 여호와의 분노의 날에 숨김을 얻으리라

하나님, 자연재해, 우발적 사고, 흉악범죄의 위협이 난무하는 세상입니다. 이 속에서 ○○를 살리시고, 보호하시는 것이 주님의 계획임을 믿고 고백합니다.

주의 말씀을 따르는 겸손한 ○○이오니, 주의 언약을 지켜주시고, 주님께서 안전하게 생명과 영혼을 지켜주옵소서.

축복하며 예수 그리스도의 이름으로 기도합니다. 아멘.

25일

우리가 믿음 가운데 존재하는 것
자체로 하나님의 기쁨이 됩니다.

습3:17 너의 하나님 여호와가 너의 가운데 계시니 그는 구원을 베푸실 전능자시라 그가 너로 인하여 기쁨을 이기지 못하여 하시며 너를 잠잠히 사랑하시며 너로 인하여 즐거이 부르며 기뻐하시리라

우리의 존재를 기뻐하시는 하나님, ○○가 하나님 앞에 있는 것만으로 주님의 기쁨이 되게 하옵소서.

또한 ○○가 존재하는 것만으로 친구들과 ○○가 속한 모든 공동체에 힘이 되게 하옵소서.

○○가 부모의 자랑이듯, 주님의 자랑이 될 줄로 믿습니다.

축복하며 예수 그리스도의 이름으로 기도합니다. 아멘.

26일

옷매무새를 위해 거울이 필요하듯,
우리 영혼을 돌보기 위해 말씀이 필요합니다.

학1:7 나 만군의 여호와가 말하노라 너희는 자기의 소위를 살펴 볼지니라

하나님, 말씀을 통해 우리 자신을 돌아보게 하시니 감사드립니다.

○○가 오늘 자신의 영적 상태에 관심 갖게 하옵소서.

말씀에 비추어 바라보게 하시고, 말씀에 따른 깨우침을 얻을 때마다 행실을 바꾸어 거룩한 백성이 되게 하옵소서.

축복하며 예수 그리스도의 이름으로 기도합니다. 아멘.

27일

우리는 역사를 통해서 하나님께
더욱 가까이 가는 삶을 배웁니다.

슥1:4 너희 열조를 본받지 말라 옛적 선지자들이 그들에게 외쳐 가로되 만군의 여호와께서 말씀하시기를 너희가 악한 길, 악한 행실을 떠나서 돌아오라 하셨나 하나 그들이 듣지 않고 내게 귀를 기울이지 아니하였느니라 나 여호와의 말이니라

역사의 주관자 되시는 하나님, ○○가 살아가는 동안 역사를 가볍게 여기지 않게 하시고, 역사 속에서 깨우쳐 주시는 주의 지혜를 얻게 하옵소서.

잘못된 관행이 있다면, 과감히 깨뜨리는 ○○가 되게 하시고, 역사의 오류를 반복하지 않는 지도자가 되게 하옵소서.

믿음으로 축복하며 예수 그리스도의 이름으로 기도합니다. 아멘.

<h1 style="text-align:center">28일</h1>

우리는 주님 앞에서 잠잠해야 합니다.

슥2:13 무릇 혈기 있는 자들이 여호와 앞에서 잠잠할 것은 여호와께서 그 성소에서 일어나심이니라 하라 하더라

하나님, ○○가 친구들과의 관계 속에서 혈기 부리며 싸우지 않게 하시고 주님께서 판관이 되어 주시어 다툼과 갈등이 멈추게 하옵소서.

쓸모없는 다툼 속에 머물러 있지 않게 하옵소서. 주님께서 일하시면 모든 것이 잠잠해 질 수 있음을 믿습니다.

축복하며 예수 그리스도의 이름으로 기도합니다. 아멘.

29일

우리 곁에 주의 사자를
호위병으로 세워 주십니다.

슥3:5 내가 말하되 정한 관을 그 머리에 씌우소서 하매 곧 정한 관을 그 머리에 씌우며 옷을 입히고 여호와의 사자는 곁에 섰더라

하나님, 사람이 자연의 위험 앞에서 옷과 신발로 자신을 보호하며 살지만, 영혼의 보호는 주께 달려 있습니다.

주님께서 머리끝에서 발끝까지 의로 덧입혀 주시고, 혹시 모를 위험 앞에서 지키시는 주의 사자를 곁에 붙여주옵소서.

축복하며 예수 그리스도의 이름으로 기도합니다. 아멘.

30일

황금 면류관을 넘어
면류관을 빛낼 보석이 되게 하십니다.

슥9:16 이 날에 그들의 하나님 여호와께서 그들을 자기 백성의 양떼같이 구원하시리니 그들이 면류관의 보석같이 여호와의 땅에 빛나리로다

구원하시는 하나님, 목자가 지키는 양떼를 인도하는 것처럼, ○○를 이끌어주시니 감사드립니다.

○○를 이 땅에서 하나님의 영광을 나타낼 빛나는 보석과 같이 되게 하여주시겠다고 언약하셨습니다.

주님의 언약을 믿습니다.

믿음으로 축복하며 예수 그리스도의 이름으로 기도합니다. 아멘.

31일

하나님께서 우리를 위하여 때가 되기 전에
떨어지지 않도록 튼튼하게 키워주십니다.

말3:11 만군의 여호와가 이르노라 내가 너희를 위하여
황충을 금하여 너희 토지 소산을 멸하지 않게 하며 너
희 밭에 포도나무의 과실로 기한 전에 떨어지지 않게
하리니

다스리시는 하나님, ○○가 하는 일의 성취를 이
룰 때까지 어떤 해충도 침범하지 못하도록 지켜
주옵소서.

○○가 자신의 꿈을 위해 흘리는 모든 땀이 헛
되지 않도록 주님께서 지켜주시고, 마침내 때가
이르렀을 때에 감사의 열매를 거두게 하옵소서.

믿음으로 축복하며 예수 그리스도의 이름으
로 기도합니다. 아멘.

정요섭 목사

그의 꿈은 좋은 목사가 되는 것이다.
좋은 목사가 무엇인가? 다른 부연 설명 필요 없는 그저 좋은 목사가 무작정 꿈이다.
좋은 목사가 되기 위해 카르디아 선교회에서, 기독교대한감리회 '꿈이있는 미래교회
(싸이월드 클럽 : 꿈이있는 미래교회)'에서 목회를 하고 있다.
시대를 살아가는 모든 이들이 닮았으면 하는 주님의 모습은, 폭풍이 몰아치는 배 안
에서도 두려움없이 여유롭게 잠을 주무시는 예수님의 모습일 것이다.
그래서 오늘도 정요섭 목사는 '주님의 평화'를 외친다.
저서로는 "문자메시지 전도양육", "365일 자녀축복 안수기도문"이 있다.

365일 자녀 축복 안수기도문

지은이 │ 정요섭
발행인 │ 김용호
발행처 │ 나침반출판사

제21판 발행 │ 2023년 11월 1일

등   록 │ 1980년 3월 18일 / 제 2-32호
본   사 │ 07547 서울특별시 강서구 양천로 583
         블루나인 비즈니스센터 B동 1607호
전   화 │ 본사 (02) 2279-6321 / 영업부 (031) 932-3205
팩   스 │ 본사 (02) 2275-6003 / 영업부 (031) 932-3207

홈페이지 │ www.nabook.net
이 메 일 │ nabook365@hanmail.net

ISBN   978-89-318-1429-3
책번호 바-1029

값은 뒷표지에 있습니다.